Émile Durkheim

Sociologie et philosophie

PRÉSENTATION DE BRUNO KARSENTI

PRÉFACE DE CÉLESTIN BOUGLÉ

QUADRIGE / PUF

ISBN 2 13 052822 8

ISSN 0291-0489

Dépôt légal — 1re édition : 1924
2e édition « Quadrige » : 2002, juillet

Bibliothèque de philosophie contemporaine
6, avenue Reille, 75014 Paris

PRÉSENTATION

L'un des traits caractéristiques de la pensée française est le rapport entre sociologie et philosophie qui, suivant les revendications contraires de l'identification et du rejet, la traverse continûment. Soit qu'on admette que nulle sociologie n'est possible qui ne soit complètement libérée de la philosophie, soit qu'on définisse l'accomplissement du projet philosophique par sa convergence finale avec l'approche sociologique, un mode de pensée est à l'œuvre qui a sa cohérence et son unité, au titre d'arrière-plan théorique où s'accusent les divergences et se détachent les positions singulières. A ce niveau souterrain, un substantif pèse de tout son poids dont l'emploi et le rayonnement n'ont d'évidence qu'en France : *le social.* Parler du social, c'est admettre implicitement que les phénomènes sociaux relèvent d'un genre commun, et qu'à la possibilité de ressaisir en elle-même cette réalité générique demeure suspendue leur pleine compréhension. De cela, il serait imprudent de conclure qu'il n'y a de sociologie que philosophiquement fondée ; à moins de concevoir cette fondation à l'inverse d'un acte inaugural, distancié et serein, et de la présenter comme une reformulation complète de la pensée philosophique – reformulation qui peut la conduire à se dire sociale au premier chef, et à rencontrer finalement le point de conversion où c'est au contraire le nom de sociologie qui paraît mieux lui convenir. Or n'est-ce pas précisément à ce mouvement que l'on assiste dans la pensée durkheimienne ? En elle, deux événements ont lieu simultanément dont l'articulation n'est pas immédiatement lisible : l'affirmation du social comme objet de science, susceptible d'être étudié selon des procédures méthodologiques clairement définies, et sa détermination comme niveau de réalité primordial, genre supérieur de l'être à partir duquel toute la réalité se déploie et peut être conçue. Auguste Comte avait parlé en son temps de la « grande révolution scientifique qui, sous l'impulsion de Bichat, transporte de l'astronomie à la biologie la présidence de la philosophie naturelle » (1). Un demi-siècle plus tard, Durkheim voudrait semble-t-il déplacer à nouveau cette présidence, la confier à la sociologie et à elle seule. Par cette dernière révolution, nature et société coïncident et en viennent à se comprendre solidairement. Le « postulat de la sociologie » (2) implique en lui-même une po-

(1) *Système de politique positive*, I, Société positiviste, 1890, p. 584.

(2) Cette expression polémique est d'Alfred Espinas : « Être ou ne pas être. Du postulat de la sociologie », *Revue philosophique*, 1901. Dans cet article, Espinas dénonce les résistances spiritualistes qui s'opposaient encore, à la fin du siècle dernier, à la reconnaissance du social comme niveau de réalité indépendant, régi par des lois qui lui sont propres.

sition de type ontologique – thèse sur l'être et sur la possibilité pour la pensée de s'y rapporter adéquatement – que le dernier ouvrage de Durkheim, *Les formes élémentaires de la vie religieuse*, vise à éclairer en tant que telle. En regard de ce point d'achèvement de l'œuvre, le sens que revêt la conjonction de coordination contenue dans le titre *Sociologie et philosophie* s'indique du même coup : il est celui d'un lien intérieur qui, sans cesse renoué, joue à la fois comme mode de distinction et de constitution pour chacune des deux approches.

Il reste que la séparation a effectivement eu lieu, et que, suivant la disposition actuelle des discours, une lecture rétrospective est bien plus portée à insister sur la disjonction creusée par la pensée durkheimienne que sur la conjonction qu'elle aurait cherché à réaliser. D'autant que l'émergence de la sociologie comme science dotée d'une méthodologie qui lui est propre, et justiciable d'un enseignement indépendant, garant de son autonomie sur le plan théorique comme sur le plan institutionnel, s'est opérée visiblement à l'encontre de la philosophie. La conclusion des *Règles de la méthode sociologique* est formelle : la constitution de la sociologie scientifique la rend « indépendante de toute philosophie » (1) – de toute philosophie, c'est-à-dire non seulement de la philosophie spiritualiste, mais aussi du positivisme et de l'évolutionnisme. Tous les qualifi-

(1) *Les règles de la méthode sociologique*, PUF, 1986, p. 139.

catifs doivent tomber, comme autant de dénominations superflues qu'une science accomplie, après avoir traversé une période initiale de formulation abstraite et idéelle – ce que Durkheim appelle son âge « idéologique » (1) – est conduite à rejeter. « C'est ainsi qu'elle a été successivement positiviste, évolutionniste, spiritualiste, alors qu'elle doit se contenter d'être la sociologie tout court. » (2) La ligne de partage est ainsi tracée : si la sociologie est « sociologie tout court », c'est qu'elle n'est pas une nouvelle philosophie destinée à concurrencer la philosophie traditionnelle sur son terrain en venant apporter son point de vue éclairé aux questions que celle-ci se pose habituellement :

> « La sociologie n'a pas à prendre de parti entre les grandes hypothèses qui divisent les métaphysiciens. Elle n'a pas plus à affirmer la liberté que le déterminisme. Tout ce qu'elle demande qu'on lui accorde, c'est que le principe de causalité s'applique aux phénomènes sociaux. Encore ce principe est-il posé par elle, non comme une nécessité rationnelle, mais seulement comme un postulat empirique, produit d'une induction légitime. » (3)

Envisagée seulement comme un postulat que la démarche inductive est en mesure de produire, la concession épistémologique requise, à savoir l'extension du principe de causalité à l'ordre des phénomènes so-

(1) *Textes I*, Éd. de Minuit, 1975, p. 94.
(2) *Les règles de la méthode sociologique*, p. 139.
(3) *Ibid.*

ciaux, est minimale. Elle n'implique nulle prise de position, au plan philosophique, en faveur du déterminisme. Les questions philosophiques, ou plus exactement les questions « métaphysiques » définies comme celles que pose la raison par la seule nécessité de son pur exercice, sont hors du champ de la sociologie, science empirique qui se borne à analyser les faits sociaux selon les lois auxquelles obéit leur constitution. En cela consiste principalement l'avènement d'un savoir positif dont les sciences sociales actuelles, dans leur revendication légitime à l'autonomie, sont les héritières directes. Savoir positif qui, se suffisant complètement à lui-même, doit impérativement se préserver de toute ingérence philosophique, prise au sens de la formulation d'hypothèses sans fondement qui viennent troubler l'ordre de la recherche et le projet de connaissance qui s'exprime à travers lui.

En 1924, lorsque Célestin Bouglé rassemble trois textes de Durkheim sous le titre *Sociologie et philosophie*, cette séparation est déjà largement accomplie, au point qu'il ne va nullement de soi de considérer que la sociologie ait quelque rapport que ce soit avec la philosophie – et surtout qu'elle doive en tisser de nouveaux, quand bien même ceux-ci seraient d'un type différent de ceux qui avaient cours par le passé. Au reste, les principaux disciples du fondateur de l'*Année sociologique* ont à ce sujet une attitude plus radicale encore que celle du maître. Simiand, Mauss et Halbwachs placent résolument leur entreprise dans le cadre strict de la science sociale. S'il leur arrive de se prononcer sur le statut de leur discipline, ce n'est plus pour s'interroger sur sa possibilité, et pour « rester indéfiniment ainsi dans l'antichambre de la sociologie » (1), mais c'est pour la considérer telle qu'elle se produit effectivement – la juger sur ses résultats, affermir et préciser sa visée nomologique, et se garder de toute affirmation sur l'essence ou la nature intime des phénomènes étudiés.

A la lumière de cette évolution, le statut des textes réunis par Bouglé, comme d'ailleurs l'intention qui préside à la composition du recueil, paraissent forcément marqués d'ambiguïté. Sont-ils des textes philosophiques ? Si c'est le cas, faut-il admettre qu'ils contreviennent au principe formulé dans les *Règles*, et que Bouglé, en leur donnant un titre aux allures provocatrices, se serait rendu coupable d'une curieuse régression dans le développement de la science à l'établissement de laquelle, en tant que membre de l'école durkheimienne, il a néanmoins contribué ? Ici, l'analyse sociologique, s'appliquant à sa propre histoire, répond en soulignant que les textes publiés par Durkheim dans les organes philosophiques consacrés de la *Revue de métaphysique et de morale* et du *Bulletin de la Société française de philosophie* ont une dimen-

(1) F. Simiand, L'année sociologique 1896, *Revue de métaphysique et de morale*, 1897, p. 515.

sion éminemment stratégique. Resitués dans un espace intellectuel où le mode d'expression philosophique s'avère dominant, ils sont significatifs du processus de légitimation auquel la sociologie, en tant qu'elle tente de promouvoir et de faire accéder à la reconnaissance institutionnelle de nouveaux types de discours et de pratiques, doit nécessairement se soumettre (1). Ainsi s'expliquerait l'embarras dont Durkheim ne peut s'empêcher de faire état au commencement de sa communication à la Société française de philosophie, en 1906, dans un cadre qui contraint son discours à se développer contre-nature, suivant une « dialectique » qui lui interdit de déployer l' « appareil de preuves » dont ne peut pourtant se passer l'exposition d'un savoir qui se veut positif (2). Pour le sociologue, il s'agit alors, à l'évidence, de jouer le jeu de la philosophie – et donc de revêtir, incidemment et par un artifice sévèrement contrôlé, une identité qui n'est déjà plus la sienne.

Dans la même perspective, l'initiative de Bouglé s'éclaire à son tour. La position de celui-ci ayant tou-

(1) Sur la philosophie comme « seul espace possible », cf. J.-L. Fabiani, *Les philosophes de la république*, Éd. de Minuit, 1988, p. 152 sq.

(2) Cf. *Sociologie et philosophie*, p. 54-55. Durkheim renvoie toutefois au cours qu'il professe à la même période à la Sorbonne (cours repris dans *L'éducation morale*, Alcan, 1934, édition par P. Fauconnet). Ce cours est le pendant positif, véritablement sociologique, de l'analyse abstraite sur la détermination du fait moral qu'il présente aux philosophes.

jours été celle d'un médiateur entre les représentants de la philosophie universitaire et ceux de la sociologie naissante, une part considérable de son œuvre traite prioritairement des problèmes liés au statut et à la place de la sociologie dans l'architecture générale du savoir (1). Cette position, selon le point de vue généraliste qui la caractérise, le destinait tout particulièrement à l'exercice auquel il se livre dans sa préface : reprendre le terme de « sociologisme » par lequel les philosophes ont pris l'habitude, dans leurs critiques, de stigmatiser la pensée durkheimienne (2), pour en retourner le sens et le présenter sous l'aspect d'un renouveau philosophique authentique. De fait, l'objectif est ouvertement celui d'une réhabilitation. Il s'agit de faire pièce aux interprétations qui ne voient dans le projet sociologique qu'un matérialisme fondé sur un scientisme étroit – le « chosisme » qu'on a imputé à Durkheim, à l'appui de la première des *Règles* qui affirme la nécessité de traiter les faits sociaux « comme des choses » – pour mettre en lumière sa dimension fondamentalement spiritualiste. « Sauvegarder les

(1) Sur le rôle de médiateur joué par Bouglé, cf. D. Merllié, Les rapports entre la *Revue de métaphysique et de morale* et la *Revue philosophique, Revue de métaphysique et de morale,* 1-2, 1993.

(2) Cf. entre autres A. Fouillé, *Les éléments sociologiques de la morale,* Alcan, 1905, p. 232 sq. ; D. Parodi, *Le problème moral dans la pensée contemporaine,* Alcan, 1910, p. 152 sq. ; et surtout L. Brunschvicg, *Les progrès de la conscience européenne,* t. 2, Alcan, 1927, p. 520 sq.

droits de l'esprit » (1), dans l'ordre de la théorie comme dans celui de la pratique, tel serait le but poursuivi par le fondateur de l'École sociologique française. C'est dans cette mesure qu'il devient possible de parler de « la philosophie de Durkheim » (2) – d'une philosophie théorique, où s'accomplit une véritable théorie de l'esprit qui repose sur la distinction entre représentations individuelles et représentations collectives ; et d'une philosophie pratique, qui propose une justification inédite des idéaux et des valeurs (3). Le sociologisme, reconduit à ce socle fondamental, serait alors sans équivoque un spiritualisme régénéré : portant au jour une nouvelle figure de la conscience – la conscience collective qui, quoique collective, reste néanmoins une conscience –, il permet d'élucider les fondements de la morale mieux que ne le pouvait le spiritualisme classique, dont le tort principal était de se limiter à l'analyse interne du moi individuel.

Ainsi peut être retracé le parcours philosophique de Durkheim : celui par lequel il est irrésistiblement amené, au-delà des connaissances spéciales qu'il établit, à

(1) Préface, p. LXVIII.

(2) L'expression est employée sciemment par Bouglé (préface, p. LXVII).

(3) Soulignons au passage que cette ligne de la philosophie pratique de Durkheim fut poursuivie par Bouglé dans ses *Leçons de sociologie sur l'évolution des valeurs*, Colin, 1922.

« traiter à sa manière des grands problèmes généraux qui ne se laissent pas oublier » (1). A dire cela, il est clair pourtant que l'on se tient encore sur le seuil d'une alternative. En effet, le statut philosophique de la réflexion de Durkheim vient-il du fait qu'elle accède, par une sorte d'accomplissement dans l'ordre de la pensée, à la position de « grands problèmes généraux », dont la grandeur et la généralité suffisent à justifier la pérennité, selon une conception de la philosophie comme *philosophia perennis* qui est précisément celle que valorise l'institution philosophique ? Ou bien, en traitant de ces problèmes « à sa manière », Durkheim ne les a-t-il pas plutôt transformé intrinsèquement, au point qu'il n'est plus du tout possible de les considérer comme perpétuellement identiques à eux-mêmes, grands et généraux en ce sens ? En d'autres termes, la « philosophie de Durkheim » réside-t-elle dans l'adoption d'un certain point de vue sur des objets en eux-mêmes immuables, ou bien plutôt, en un sens beaucoup plus radical, dans la constitution de nouveaux objets, lesquels engageraient par là même une redéfinition de l'approche qui s'y rapporte ? L'alternative posée ici, on le comprend, échappe aux prises d'une lecture qui se borne à interpréter, d'un point de vue strictement sociologique, la dimension philosophique manifeste de certains textes durkheimiens en termes de pratiques de légitimation dans le champ

(1) *Sociologie et philosophie*, Préface, p. LXIII.

institutionnel. Car, dans cette perspective, c'est du lien proprement théorique par lequel les deux démarches sont renvoyées l'une à l'autre qu'il est avant tout question. Il s'agit de savoir, en l'occurrence, s'il est possible de donner un sens fort à la « manière » de Durkheim ; autrement dit, si quelque chose comme une manière originale de faire de la philosophie n'apparaît pas précisément avec Durkheim, et ce dans la rupture même que celui-ci préconise avec le discours philosophique traditionnel. Question, soulignons-le, éminemment philosophique, non au sens où elle répondrait à des critères de grandeur et de généralité que la philosophie aurait fixés par avance, mais au sens où, en elle, c'est la philosophie elle-même en tant qu'exercice de la pensée qui se trouve fondamentalement mise en jeu.

A ce propos, la conclusion des *Règles* est, une fois encore, particulièrement instructive. Le refus de « prendre parti entre les grandes hypothèses qui divisent les métaphysiciens » y trouve son contrepoint, sous la forme inattendue d'un intérêt philosophique de la connaissance sociologique, en tant précisément qu'elle représente une connaissance positive indépendante. « A mesure qu'elle se spécialisera », la sociologie « fournira des matériaux plus originaux à la réflexion philosophique » (1), laquelle sera ainsi relancée, engagée dans des voies nouvelles qu'elle ne

(1) *Les règles de la méthode sociologique*, p. 140.

pouvait apercevoir tant qu'elle se refermait sur elle-même. Avant même de savoir en quoi consiste cet intérêt, et quels sont ces matériaux originaux, il faut insister sur le fait que le mouvement ici esquissé n'a rien d'un éventuel retour à la philosophie, au sens de la réinscription du discours sociologique dans le lieu clos de la pensée spéculative auquel il serait susceptible d'être ramené en dernière analyse. Mais il s'agit seulement de désigner l'ouverture produite en philosophie par un type de savoir qui lui est extérieur – autrement dit, de mesurer, en insistant sur l'aspect dynamique et tendu de l'expression, la portée de la sociologie en philosophie, mouvement par lequel la science sociale, envisagée comme savoir spécial, diffuse ses effets hors de son domaine propre, dans l'extériorité même qui s'est trouvée déterminée par la constitution de sa propre autonomie. Dire que la sociologie a nécessairement des effets en philosophie, c'est dire simplement que la philosophie ne peut rester indifférente à ce qui lui advient, qu'elle le veuille ou non, dès lors qu'une connaissance scientifique des phénomènes sociaux est effectivement produite.

La seule question vraiment pertinente serait donc la suivante : qu'arrive-t-il à la philosophie dans le contexte épistémologique marqué par l'émergence d'une science du social ? En premier lieu, on peut noter que le fait de dévoiler le social comme un ordre de phénomènes *sui generis*, comme un règne naturel ayant son ordre propre, n'est possible qu'à la condition d'une singulière distorsion des conceptions liées au déterminisme naturel, distorsion qui, outre qu'elle implique un réexamen des notions cardinales de cause et de fin, projette au premier plan du questionnement philosophique d'autres notions dont la dignité paraît moindre – ainsi, suivant les exemples mentionnés par Durkheim, celles de maladie et de santé, celles d'organe, de fonction, et d'espèce (1). On aurait pourtant tort de croire que le renouvellement qui s'indique ici puisse se résumer à l'apparition d'un nouveau matériau : car le seul fait d'admettre que la philosophie soit une activité liée à l'examen de matériaux, en un sens pratique et quasi technique, et qu'elle soit en conséquence attachée à la considération d'éléments concrets et pluriels, susceptibles d'évoluer et de se modifier, est en soi l'indice d'une transformation plus profonde. De ce point de vue, c'est toute conception de la philosophie en termes de *philosophia perennis* qui est récusée dans son principe. Si la sociologie est appelée à faire surgir en philosophie de nouveaux problèmes, ce n'est pas simplement que les faits qu'elle éclaire servent d'illustration à un complexe de théories préexistantes, mais c'est qu'elle est à l'origine d'une réélaboration conceptuelle qui, s'effectuant à l'épreuve des faits, intègre à son propre statut une particularisation et une

(1) *Ibid.*

variation essentielles. C'est donc qu'elle transforme la philosophie quant au mode de pensée qui la caractérise. La confrontant à un donné situé historiquement et socialement, elle la destitue de l'intemporalité que lui assurait son repli spéculatif pour la déterminer dans son appartenance irréductible au social et à l'histoire. Ainsi se comprend ce qu'on doit appeler l'effet sociologique en philosophie : non simplement comme l'attribution d'un nouveau contenu, mais, plus profondément, comme l'exigence pour la philosophie de forger de nouvelles procédures d'analyse adaptées à l'examen de problèmes dévoilés par l'étude du fonctionnement et du devenir des sociétés, exigence qui a pour corollaire une socialisation et une historicisation du travail philosophique lui-même.

Cette tendance s'exprime dans un texte qui, bien qu'il contredise notablement les intentions conciliatrices de Bouglé, aurait sans doute toute sa place dans un recueil intitulé *Sociologie et philosophie*. Il s'agit du texte que Durkheim consacre à « L'enseignement philosophique et l'agrégation de philosophie » (1). Resitué dans le développement de la pensée française, le

(1) Ce débat fut conduit dans la *Revue bleue*, à la suite d'un article très critique de F. Vandérem sur la classe de philosophie dans les lycées. Il fut ensuite repris dans un ouvrage collectif : *Pour ou contre l'enseignement philosophique*, Alcan, 1894. L'ouvrage contient des textes de F. Vandérem, T. Ribot, E. Boutroux, P. Janet, A. Fouillée, G. Monod, G. Lacaze, H. Marion, G. Lyon, L. Marillier, Abbé Clamadieu, J. Bourdeau, H. Taine.

propos n'est ni secondaire ni périphérique. Il désigne au contraire un enjeu à part entière, puisque s'y trouve impliqué le sens même d'une discipline à laquelle les philosophes de profession s'accordent à attribuer une authentique fonction sociale (1). Loin de réfuter cette conception, Durkheim s'efforce d'en dégager les conditions historiques particulières. Ainsi, selon lui, c'est au lendemain de la Révolution française, alors que la fondation d'un ordre social s'impose comme pôle d'interrogation prééminent à tous les niveaux du débat théorique, que l'activité philosophique se détermine comme processus éducatif de formation des esprits aux exigences de la vie collective. Dans ce contexte, marqué principalement par l'entreprise d'institutionnalisation menée par Victor Cousin, la philosophie s'affirme à la fois comme approche spéculative et comme pratique sociale – ces deux dimensions étant inséparables et contribuant ensemble à tracer ses contours singuliers dans la tradition spécifique où elle prend place. Or si l'on tient compte de ce double aspect, il est clair qu'on ne pourra plus prétendre fonder la philosophie par la référence exclusive au contenu purement théorique qu'elle se donne à elle-même. Afin d'en justifier la démarche et

(1) On lira par exemple la contribution d'Alfred Fouillée, L'enseignement philosophique et la démocratie française, in *Pour ou contre l'enseignement philosophique*, extrait de la *Revue bleue*, Alcan, 1894. Voir aussi, du même auteur, *La réforme de l'enseignement de la philosophie* (A. Colin, 1901).

d'en repenser les thèmes de prédilection, on devra aussi en suivre les manifestations les plus concrètes : identifier les pratiques par lesquelles elle se réalise, au premier rang desquelles figurent précisément les formes qu'elle revêt dans l'évolution des institutions scolaires (1). Un point de vue se dégage ici qui souligne l'originalité de la position durkheimienne, et l'écart insurmontable qui la sépare de cette fondation cousinienne précédemment invoquée. Penser ce qu'est la philosophie, ce n'est pas en dévoiler les caractères essentiels et immuables, mais c'est avant tout la resituer dans le procès réel de son actualisation en tant que pratique sociale. C'est la réinscrire dans l'histoire, et l'évaluer en fonction des conditions sociales qui, en libérant son développement, lui ont fixé son espace d'actualisation et son orientation caractéristique. Selon une acception qui, pour notre regard actuel accoutumé à une séparation tranchée entre sociologie et philosophie, prend l'aspect d'une trahison, cela revient, pour une part tout au moins, à traiter de la philosophie comme d'un fait social.

S'agit-il à proprement parler d'une trahison ? Tel fut l'avis de nombre de philosophes, à commencer par Léon Brunschvicg, qui accusa Durkheim de vouloir

(1) Rappelons que Durkheim a consacré à l'histoire des institutions scolaires une part importante de son enseignement, publiée après sa mort par Halbwachs sous le titre *L'évolution pédagogique en France*, 2 vol., Alcan, 1938.

ainsi rabattre l'enseignement de la philosophie sur celui de l'histoire (1). C'était pourtant ne considérer qu'un versant du problème, et s'interdire de comprendre que la considération de la philosophie comme pratique historiquement et socialement située implique bien moins son abolition en tant qu'activité spéculative, que le ressourcement de celle-ci dès lors qu'elle fait sienne l'exigence de s'ouvrir à la réalité sociale et historique où elle est irrésistiblement ancrée. C'est donc en fonction de ce risque philosophique, où la philosophie s'expose au sens propre du terme, que l'expression « la philosophie de Durkheim » est susceptible de prendre sens. Sens qu'on pourra dire empirico-spéculatif, et qui ne pourra s'expliciter, en tant que tel, qu'à l'épreuve de certains problèmes concrets où se manifeste la fécondité d'une convergence effective entre sociologie et philosophie.

Au cours de ses réflexions sur l'enseignement, Durkheim fait état de ce qui, à ses yeux, doit constituer le domaine privilégié pour cette investigation conjointe qu'il s'efforce de mettre en œuvre :

« Nous pensons cependant que la morale devrait constituer l'objet par excellence de cet enseignement social que nous voudrions

(1) Cf. Enseignement, *Revue de métaphysique et de morale*, 1895, p. 231-233. L'article critique directement la position de Durkheim. Signé NDLR, il est très probablement de Brunschvicg et Rauh.

voir donner dans nos classes de philosophie ; car il n'y a pas de faits qui soient plus éminemment sociaux et, de plus, nous croyons que les questions, appelées sociales, sont en grande partie des questions morales. Seulement il faudrait l'enseigner d'après une autre méthode. Qu'on écarte résolument ces discussions formelles et logiques, pour mettre les jeunes gens en face des choses morales elles-mêmes. Au lieu de disserter sur le principe abstrait du droit et du devoir, qu'on montre le détail des devoirs et des droits, et la manière dont ils se sont constitués au cours de l'histoire. Qu'on fasse voir comment la famille, la propriété, la société se sont lentement transformées pour devenir ce qu'elles sont aujourd'hui. » (1)

Question philosophique, la morale est aussi une question sociale. En insistant sur ce point, Durkheim prolonge plus qu'il ne contredit les vues qui ont cours dans la tradition philosophique française. Ce faisant, il porte cependant en pleine lumière leur socle socio-politique, et désigne par là même les limites qu'elles ne laissent pas de rencontrer. On doit rappeler, en effet, que le lien entre enseignement philosophique et éducation morale relève plus fondamentalement du dispositif idéologique caractéristique de la pensée républicaine, où les individus sont d'emblée conçus comme devant être éduqués moralement, c'est-à-dire comme devant être disposés, dans leurs manières d'agir et de penser, à l'institution de rapports sociaux dont l'harmonie se trouverait en retour garantie. Or, l'axe ma-

(1) L'enseignement philosophique en France et l'agrégation de philosophie, *Textes III*, Éd. de Minuit, 1975, p. 423.

jeur d'une discipline formatrice dont l'objectif prioritaire est de révéler les individus à eux-mêmes comme citoyens repose en fait sur deux principes qui, pour Durkheim, ne vont pas de soi : d'une part, celui d'une normativité spécifiquement morale conçue comme source originelle des normes sociales ; d'autre part, celui de la préséance de l'entité individuelle représentée par le sujet moral sur l'entité collective que définit le groupe. En d'autres termes, la socialité que la République vise à promouvoir est subordonnée à la constitution morale des sujets individuels qui est censée s'opérer préalablement à leur participation effective à l'existence collective (1). Et l'on remarquera que c'est en fonction de l'économie particulière de ce dispositif que la philosophie est nécessairement sollicitée. La tâche qui la caractérise est celle de la formation morale des futurs citoyens, comprise comme explicitation et inculcation des devoirs requis dans le cadre d'une vie sociale pacifiée, reposant sur les deux impératifs du respect mutuel et de la soumission du particulier à l'universel.

(1) Voir à ce sujet, l'analyse de P. Macherey, dans son introduction à la réédition de l'ouvrage de Jules Barni, *La morale dans la démocratie* (Kimé, 1992). Ce livre, paru en 1868, est l'une des références philosophiques majeures de l'idéologie républicaine. Cf. aussi, suivant une orientation analogue, le *Manuel républicain de l'homme et du citoyen* (Pagnerre, 1848), et *La science de la morale* (Ladrange, 1869) de Charles Renouvier, ouvrages qui exercèrent une forte influence sur la réflexion de Durkheim.

Le sens de l'intervention durkheimienne, dans ce contexte, consiste d'abord et avant tout à restituer au social un statut principiel – ce qui ne peut manquer de modifier l'équilibre de la proposition par laquelle philosophie et éducation morale sont identifiées. Suivons les termes employés par Durkheim : à l'encontre d'une philosophie qui resterait enferrée dans des « discussions formelles et logiques » sur les principes de la morale, la sociologie se propose de rendre présentes aux esprits les « choses morales elles-mêmes ». Qu'est-ce à dire ? Des principes de la morale aux choses morales, une vocation concrète s'indique qui conduit l'approche philosophique à renoncer à l'agencement abstrait d'entités idéelles pour se concentrer sur ce qui, sur le plan de la réflexion pratique, constitue la seule réalité objective qu'elle puisse identifier : les faits moraux, en tant qu'ils se manifestent toujours avec une texture sociale particulière qui semble leur être indissociable. Les travaux spécialisés de Durkheim et de ses principaux disciples sur la formation socio-historique de certaines notions morales – les notions de responsabilité, d'obligation, de sanction, ou encore de personne morale – se comprennent alors, dans cette perspective, comme le support indispensable de cette nouvelle démarche philosophique prônée par Durkheim, en réaction à la situation d'évidement dont il fait le sévère diagnostic. Envisager les devoirs et les droits, plutôt que le droit en soi ou le devoir en soi ; les réalités concrètes qu'ils représentent dans leur pluralité, plutôt que l'unité abstraite qu'on obtient en les considérant comme pures formes. Telle serait la manifestation la plus visible, non de la dissolution de la philosophie, mais de son rétablissement, sur des bases complètement inédites.

Il reste que cette tendance ne peut s'affirmer qu'à une condition. Il faut que, du point de vue même de la philosophie, la réalité morale puisse être considérée positivement, qu'elle puisse être conçue comme étant de l'ordre du fait, et plus encore de l'ordre de ces faits particuliers que représentent les faits sociaux. Si la « détermination du fait moral » peut servir d'intitulé au projet durkheimien, c'est d'abord au sens où une orientation positiviste s'y affirme, dans un domaine où le spiritualisme, à l'opposé, s'est attaché à invalider l'objectivation scientifique. A ce point, on ne doit pourtant pas se hâter de conclure, et entériner trop vite le clivage entre science et philosophie – la philosophie positiviste servant alors seulement de transition commode. Car le positivisme durkheimien, en se déterminant comme sociologique, c'est-à-dire en se fixant le social comme pôle privilégié d'investigation, se révèle tributaire d'une thèse fondamentale, de nature proprement philosophique, qui vaut d'être considérée pour elle-même : celle du recouvrement du moral et du social.

Revenons à la pensée républicaine qu'on vient d'évoquer. Pour elle, et en vertu de la référence kantienne qui l'imprègne, la morale jouit d'une prééminence ontologique indiscutable qui la soustrait à l'analyse empirique, et la dispose à la saisie purement rationnelle que l'individu serait par lui-même en mesure d'opérer. Les prérogatives de la philosophie, dans ce cas de figure, se justifient aisément. Le type de réflexion qu'elle représente, radicalement séparée de toute considération factuelle, se place au plan spéculatif de la « morale théorique » où les principes constitutifs de la morale sont envisagés *a priori*, et posés en conséquence comme universels et nécessaires. De ce point de vue, notons-le, les formes historico-sociales réelles ne peuvent être significatives par elles-mêmes. Elles se réduisent aux dimensions contingentes de l'application d'une norme abstraite dont la légitimité est par avance établie – la morale théorique étant par définition la détermination de ce qui doit être fait universellement.

Or c'est justement à cette conception que Durkheim s'oppose lorsqu'il soutient que l'étude conséquente de la morale ne peut se passer de l'examen des formes concrètes de socialité. L'affirmation n'a pas seulement le sens d'une exigence épistémologique relative aux conditions de l'observation. Plus radicalement, elle comprend une critique d'ordre philosophique de l'individualisme qui sous-tend le point de vue classique. Parce qu'elle va du moral au social, et qu'elle n'accorde pas à celui-ci, dans la réalité qu'il représente, le statut principiel d'une constitution effective de la moralité, la conception philosophique traditionnelle est en effet foncièrement individualiste. Individualisme qui, certes, n'a rien à voir avec la thèse utilitariste de la combinaison des intérêts individuels bien compris, puisque c'est dans la raison pure et en complète indépendance par rapport à l'expérience que le devoir prend forme. Mais individualisme tout de même, conséquence inévitable d'un idéalisme abstrait qui subordonne l'institution du social à l'établissement de la morale, et fonde celle-ci dans la seule raison individuelle. A l'inverse, centrer l'analyse sur les « choses morales elle-mêmes », dans leur empiricité, c'est reconnaître que la socialité y est d'emblée présente, non simplement à titre d'application, mais à titre primordial de condition d'élaboration. L'originalité de la position durkheimienne s'exprimerait donc en ces termes : si la seule consistance que la morale puisse avoir est une consistance sociale, cela tient au fait que les rapports sociaux, en eux-mêmes et par eux-mêmes, sont producteurs de moralité. Réalité indépendante des individus, ils représentent un ordre propre qui s'impose à ceux-ci en déterminant leurs manières d'être. En cela s'explique le ressort de l'obligation morale. Ce qui veut dire aussi que loin d'être régulés moralement de l'extérieur, les rapports sociaux construisent par leur propre jeu cette régulation, et impriment une forme spécifique aux consciences morales des individus particuliers insérés dans le réseau qu'ils définissent.

Penser de façon synthétique socialité et moralité, tel est le défi que la sociologie voudrait relever. Par là, Durkheim se sépare des théories d'inspiration kantienne qui dominent en France, pour se rapprocher singulièrement de Hegel – dont il fut, rappelons-le, un lecteur attentif et précoce (1). Dans la problématisation sociologique des faits moraux telle qu'elle apparaît ici, on peut voir en effet une résonance du concept hégélien de *Sittlichkeit*, moment décisif des *Principes de la philosophie du droit*, où il s'agit de concevoir le point d'aboutissement du processus rationnel par lequel le droit se réalise, et plus précisément le dépassement de la moralité *(Moralität)*, figure subjective du droit dans les consciences particulières, par son inscription dans la vie collective réelle, sous la forme de ce qu'il faudrait alors appeler une « éthique sociale » (2). C'est bien quelque chose d'analogue que Durkheim, dans un tout autre espace de pensée, cherche à désigner. Ce qui ne peut se faire que par la mise en œuvre d'une « science de la morale » (3) qui, d'un certain point de vue, est l'autre nom de la sociolo-

(1) C'est ce que révèle l'article de G. Paoletti, Durkheim à l'École normale supérieure : lectures de jeunesse, *Études durkheimiennes*, 4, 1992.

(2) C'est là l'une des traductions possibles pour le terme allemand de *Sittlichkeit*, qui n'a pas de correspondant en français.

(3) Cf. *La division du travail social*, préface de la première édition, p. XXXVII.

gie, comprise comme l'analyse objective des régulations sociales historiquement observables.

Ce rééquilibrage des rapports du moral et du social par lequel les deux termes s'impliquent réciproquement est donc bien un aspect essentiel du moment durkheimien. Et l'on remarquera qu'il creuse un écart significatif à l'intérieur même de la pensée républicaine, assignée désormais à la considération de la réalité collective comme telle, et conduite par conséquent à récuser l'abstraction du sujet moral individuel où résidait jusqu'ici son auto-justification. Tant que la République se dit d'abord morale, et sociale seulement en second lieu, elle reste dépourvue de fondations. Au contraire, selon Durkheim, elle doit se dire indissociablement morale et sociale, s'efforcer de penser cette dyade et œuvrer à sa réalisation pratique. De fait, au tournant du siècle, une telle position n'est pas sans écho politique. Elle trouve un prolongement notable dans le courant radical-socialiste du solidarisme, qui, autour de Léon Bourgeois, réunit certains sociologues durkheimiens, parmi lesquels précisément Célestin Bouglé (1). Il reste pourtant que la construction du concept même de solidarité, que Durkheim présentait dans *La division du travail social* comme le point de jonction du moral et du social – phénomène moral

(1) Cf. L. Bourgeois, *Solidarité*, Colin, 1902. De Bouglé, on consultera à ce sujet *Le solidarisme*, Giard et Birère, 1907.

central au niveau duquel le sens même de la socialité devient visible – se heurte à de fortes objections philosophiques. Plus exactement, sa cohérence se joue à l'intérieur du débat où, une fois encore, philosophie et sociologie s'opposent frontalement.

Que les résistances philosophiques classiques prennent l'aspect radical de l'invalidation et du rejet, cela tient surtout à l'ampleur du risque encouru. Substituer une morale scientifique comprise comme typologie des formes de solidarité, « science des mœurs » au sens de Lévy-Bruhl (1) ou « sociologie morale » au sens de Durkheim, à l'ancienne morale théorique, n'est-ce pas remettre aux mains des sociologues ce dont la philosophie ne saurait se défaire sans se nier elle-même, dans l'une de ses dimensions essentielles ? Au reste, en quoi la morale guidée par la sociologie est-elle encore une morale ? D'une part, vouée à l'ordre contingent et variable des formes sociales concrètes, elle semble avoir perdu l'unité qui seule permet d'établir le caractère universel et nécessaire des principes qu'elle formule. D'autre part, rivée à l'ordre du fait, elle ne peut rien commander qui ne l'est déjà effectivement, et s'enferme à ce titre dans un conservatisme qui semble

(1) L'ouvrage de Lévy-Bruhl, *La morale et la science des mœurs*, Alcan, 1903, est l'un des jalons importants de ce mouvement d'opposition à la morale théorique inspiré par la sociologie. Il ne s'ensuit pas, comme on le verra plus loin, que le point de vue de Lévy-Bruhl recouvre exactement celui de Durkheim.

irrévocable. La sociologie, comme l'atteste la tournure ouvertement juridique de l'analyse conduite dans *La division du travail social*, ne peut qu'extraire d'une société les formes régulières des pratiques qu'elle valorise ; ce faisant, elle s'interdit de penser la nature même de la valeur ou de l'idéal, qui, transcendants par rapport aux faits, définissent l'élément moral lui-même.

En somme, c'est l'universalité de la morale, ou encore la conception de la morale en tant qu'elle ne peut être qu'universelle, qui sont ici mises en cause. Si, selon le projet scientifique d'une morale positive, il convient de se tourner vers les manifestations réelles de l'existence collective pour étudier ce qu'on appelle la morale, ne faut-il pas consentir à décliner celle-ci au pluriel, selon la pluralité des types de socialité qui n'en sont pas l'émanation dispersée, mais bien les modes différenciés de l'élaboration réelle ? Au terme de cette interrogation, il s'agit évidemment de savoir jusqu'où va la différenciation produite par l'analyse empirique, et si elle n'implique pas au fond une dissolution pure et simple. Inquiétude de philosophe certes, mais inquiétude fondée aussi en sociologie, dans la mesure où celle-ci voudrait encore traiter de la morale comme d'un objet qui conserve une certaine unité, à travers la diversité des champs où elle l'appréhende. D'autant que, sous l'impulsion de l'ethnographie, à laquelle Durkheim commence à accorder un crédit sociologique égal, voire supérieur à celui de l'histoire (1), ce procès de diversification ne cesse de s'accuser, jouant de plus en plus comme une relativisation de la moralité proprement occidentale, en laquelle il n'est plus possible de voir le critère de distinction du primitif et du civilisé. La relativisation indiquée, pourtant, n'a rien d'une éviction. S'il y a une socialité primitive, définie en propre comme « solidarité mécanique » et distincte de la « solidarité organique » requise dans les sociétés où la division du travail a opéré une différenciation fonctionnelle des individus, il y a aussi une moralité primitive, spécifique certes, et spécifiquement caractérisée par les modalités de l'existence collective dans laquelle elle se constitue, mais comprise néanmoins en un sens qui ne doit nullement être dévalué ni minimisé. De sorte que l'on comprend de quelle manière le problème de l'universalité de la morale se résout chez Durkheim : non par dissolution, mais par déplacement. Si l'unité de la morale a toujours un sens malgré la dispersion empirique à laquelle paraît vouée son étude, c'est à condition de la concevoir en termes de socialité. A ce compte, sa dimension d'universalité est préservée : simplement, elle est rapportée au social lui-même, reconnu comme niveau de réalité autonome qui, quelles que soient les

(1) Sur ce déplacement épistémologique, cf. Lévi-Strauss, Ce que l'ethnologie doit à Durkheim, *Anthropologie structurale II*, Plon, 1973.

formes que revêt son actualisation, constitue toujours pour ses membres une puissance obligatoire et une source de respect sans lesquelles nulle morale n'est concevable.

Car telle est bien la contradiction majeure à laquelle aucune conceptualisation philosophique ne semble avoir échappé : est moral ce qui, d'un côté, soumet la sensibilité de l'individu et l'oblige, de l'autre, l'intéresse et l'attire. Attraction et répulsion, désirabilité et obligation, ne parviennent pas à être conciliées au niveau philosophique, comme en témoigne selon Durkheim l'échec de Kant, dont la conception rigoriste, concentrée exclusivement sur l'obligation, maintient une « hétérogénéité radicale de la raison et de la sensibilité » (1) que l'analyse du fait moral incite au contraire à rejeter. En ce qui concerne la théorie durkheimienne elle-même, on doit pourtant remarquer que les difficultés qu'elle rencontre ne sont pas moindres. Ainsi, si l'on se réfère au critère d'objectivation du fait social en termes de coercition sur lequel *Les règles de la méthode sociologique* (2) avait mis l'accent, il est clair que l'on ne peut rabattre le moral sur le social sans retomber dans l'aporie imputée précisément au kantisme. Philosophie et sociologie seraient donc engagées, par des voies différentes, dans une même impasse. Pour la

(1) « La détermination du fait moral », p. 65.
(2) Cf. *Les règles de la méthode sociologique*, p. 14.

première, cela tient à la scission du sujet individuel qu'elle postule ; pour la seconde, au rapport d'opposition qu'elle institue entre l'individuel et le collectif, reconduit au cœur de l'individu même. Ainsi posé, le problème de la détermination du fait moral est alors essentiellement celui de l'*homo duplex*, figure d'inspiration cartésienne que Durkheim reprend à son compte et à laquelle il entreprend de donner ici sa propre version : la fracture constitutive de la nature humaine doit être décrite comme celle de la nature sensible de l'individu, la question étant de savoir comment cette nature sensible peut, à un certain niveau d'elle-même, désirer ce qui l'oblige, tendre vers ce qui la nie.

Sur la philosophie, la sociologie dispose toutefois de l'avantage considérable de la découverte empirique, et de l'effet de refondation théorique qu'elle est susceptible d'entraîner. A ce sujet, on perçoit que la conférence de 1906 sur la « détermination du fait moral » infléchit singulièrement l'argumentation présentée auparavant dans les *Règles*. Initialement, l'apport vient de l'histoire des religions et de l'analyse documentée qu'elle est venue fournir de l'élément du sacré. Le sacré, c'est précisément ce qui attire et repousse, ce qui inspire respect et soumission tout en suscitant en l'individu un désir profond et irrépressible d'adhésion. C'est donc le point où convergent et s'unifient les deux dimensions contradictoires du fait moral. A ce niveau, l'extériorité de l'objet du désir ne s'oppose pas radicalement au désir : ou, plus exactement, elle ne s'y oppose qu'en le réalisant. Synthèse concrète de l'obligation et du désir, le sacré indique par conséquent la voie à suivre dans la résolution du problème posé. C'est lui encore qui permet de lever l'obscurité qui enveloppe la notion de valeur, traversée par la tension entre une prétention à l'objectivité où s'exprime son caractère normatif, et une teneur subjective où se manifeste la participation du sujet désirant. Or si, dans leur généralité, les règles morales se caractérisent par le fait qu'elles sont à la fois obligatoires et désirables, c'est qu'elles émanent du sacré. A condition de les reconduire à cette source première et par essence ambiguë, il devient possible de comprendre qu'elles puissent engager positivement l'affectivité individuelle sur le mode paradoxal de sa négation.

De l'aveu même de Durkheim, la découverte de l'ambiguïté du sacré fut pour lui une véritable « révélation » (1) – vocabulaire religieux parfaitement adapté à la sacralisation de la société présentée dans toute son ampleur dans *Les formes élémentaires de la vie religieuse.* Dans la conférence de 1906, le statut du sacré est bel et bien décisif en ce qu'il rend intelligible le rapport contradictoire entre intériorité et extériorité sur lequel repose le recouvrement annoncé du moral et du so-

(1) Cf. *Textes I*, Éd. de Minuit, 1975, p. 404. Cette révélation, Durkheim dit l'avoir eue en 1895, à la lecture de l'ouvrage fondamental de Robertson Smith, *The religion of semites* (1889).

cial. Qu'en est-il en effet de la dimension de désirabilité présente dans le fait moral ? En elle, une forme du désirable s'affirme dans son absoluité, et, par suite, dans son irréductibilité à l'évaluation particulière de notre nature sensible. En d'autres termes, le bien moral est le souverain bien. Ce qui ne veut pas dire, souligne Durkheim, qu'il n'intéresse pas notre sensibilité, mais seulement que, désirable *sui generis*, il s'inscrit en elle sous la forme du dépassement d'elle-même dans ce qu'elle a précisément de particulier. En cela, il correspond trait pour trait à cette forme d' « extériorité intérieure » que l'élément du sacré a rendu représentable. Il ne peut relever de la seule intériorité que nous constituons en tant qu'individualité, ni même de celle qu'autrui constitue au même titre que nous. C'est donc qu'il relève d'une personne qui, quoi qu'existant hors de nous, nous enveloppe en elle et nous fait participer de sa vie propre, implique notre participation affective tout en la dépassant.

Or cette personne ne peut être que le groupe auquel nous appartenons, entité formée d'individus, et cependant supérieure et indépendante par rapport à ceux-ci. En d'autres termes, le groupe est la personne morale par excellence : être personnel, au sens où il meut le désir, et moral, au sens où le désir qui s'y rapporte est marqué d'absoluité. Quant à la figure individuelle de la personne morale à laquelle les droits de l'homme ont conféré une centralité et une dignité sans précédent, elle ne doit pas nous égarer : loin d'être à elle-même son propre principe, elle résulte d'une dérivation de cette forme collective essentielle, dans le contexte socio-historique déterminé qui est celui des sociétés modernes. Une interprétation particulière des droits de l'homme, on le voit, est ici engagée, où l'on pense encore à Hegel (1). La consécration moderne de l'individu, sa valorisation juridique en tant que sujet libre, fondement du droit et homme des droits de l'homme en ce sens, ne doit pas être prise pour une proclamation absolue, mais comme un moment historique dont le sens relatif n'ôte rien à la nécessité. Or, comme chez Hegel, l'historicisation n'est en rien une réfutation, mais traduit au contraire une forme supérieure de justification (2). Le fait que le caractère sacré de l'individu « lui a été surajouté par la société » (3) est un processus qui, une fois retracé et expliqué, n'en est que mieux validé quant à son résultat (4). Il

(1) On lira à ce propos la réponse de Durkheim à Brunschvicg, « La détermination du fait moral », p. 105-106.

(2) Sur cet aspect de la philosophie politique hégélienne, on consultera B. Bourgeois, *Philosophie et droits de l'homme de Kant à Marx*, chap. 4, PUF, 1990.

(3) « La détermination du fait moral », p. 106.

(4) Ce qui permettra à Durkheim, dans le contexte de la crise nationale de l'affaire Dreyfus, de dire que sa sociologie comprend un individualisme véritable, plus et mieux fondé que l'individualisme qui procède de l'absolutisation de l'individu (cf. L'individualisme et les intellectuels (1898), in *La science sociale et l'action*, PUF, 1987, p. 261-278).

reste que, en ce qui concerne la compréhension du processus lui-même, le point de vue de l'individu révèle son caractère insuffisant et limité. Sous l'angle du social, au contraire, les difficultés trouvent immédiatement leur solution. Il en va ainsi de celles liées à la figure d'unc « extériorité intérieure », marque d'une transcendance inscrite au plan même de notre nature sensible. Car le groupe, en tant qu'association des individus, est justement la seule réalité qui leur soit à la fois intérieure et extérieure. Réalité *sui generis*, il est doté d'une vie propre – vie dans laquelle les individus sont impliqués au sens fort du terme, en tant qu'ils vivent en lui.

Selon une formule dont Bouglé a su relever l'importance, la morale commence donc « là où commence l'attachement au groupe » (1). Parce qu'elle fait peser sur l'individu la contrainte de la loi du groupe, elle le tient attaché, au sens physique du terme ; mais l'élément moral, c'est aussi ce à quoi l'individu est attaché, ce vers quoi il tend en un sens affectif où s'exprime son désir propre. Or cette structure duelle de l'attachement ne peut elle-même s'articuler que si l'on accorde que la fin visée par tout acte moral n'est autre que l'être collectif, forme pure de la personne morale qui, vivant hors et dans l'individu, le dépasse et le comprend. En langage kantien, on dira donc que la

(1) Cf. Préface, p. LXVIII.

forme supérieure de la faculté de désirer est celle où le désir a pour fin le social comme tel. Mais alors, on s'éloigne notablement de Kant : car, du sentiment moral, il ne faut plus craindre de dire qu'il est affectivement constitué et porte en lui une dimension pathologique irréductible. Cette réévaluation de l'affectivité est très significative, non seulement de la spécificité de la conception durkheimienne, mais aussi, plus largement, de celle de la tradition de pensée qu'elle poursuit. On y reconnaît une thématique déjà présente dans les derniers développements de la pensée d'Auguste Comte, lorsque celui-ci, dans le *Système de politique positive*, en venait finalement à affirmer la primauté du sentiment, pierre de touche de l'anthropologie morale dans laquelle l'ensemble de son projet théorique devait s'accomplir. Chez Durkheim, la tendance est analogue, même si elle ne se manifeste plus du tout dans les mêmes termes. Complètement affranchie de la référence anthropologique qui, placée sous le signe d'une réinterprétation de la physiologie de Gall, était centrale pour Comte, elle prend sa source à l'intérieur même de la sociologie, à partir de la reconnaissance de ce qui en est l'objet propre : le social, non comme une entité abstraite, mais comme réalité présente aux individus mêmes, à titre de dimension constitutive de leur être.

Une résistance évoquée plus haut subsiste pourtant. Ne peut-on dire que la sociologie morale, dans la mesure où elle s'efforce de porter au jour les règles déjà à l'œuvre dans le groupe, est tout au plus l'élucidation d'un fonctionnement social déterminé, incapable en tant que telle de fonder une morale, puisque les seules fins qu'elle puisse fixer résident dans ce qui a déjà lieu, et constituent à ce titre bien moins des idéaux que de pures et simples réalités factuelles ? En d'autres termes, mais exactement dans le même sens, ne peut-on dire qu'en conférant aux valeurs promues par un groupe donné le sens de la perpétuation de ce groupe, à savoir le maintient de sa vie propre suivant un principe d'utilité sociale, on n'a jamais fait que rabattre ces valeurs sur un donné objectif, et transformer du même coup le jugement de valeur en jugement de réalité ? Ces objections, souligne Durkheim, portent contre les conceptions qui, faisant du social une totalité achevée conçue sur le modèle de l'organisme vivant – c'est le cas chez Spencer, et chez son principal disciple français, Espinas – mettent précisément l'accent sur sa composition et sur son fonctionnement, et subordonne toute finalité socialement produite à la conservation de ceux-ci. Mais c'est là se méprendre sur la nature spécifique de ce qu'on a appelé la vie propre du groupe, dont Durkheim indique expressément qu'elle doit être conçue à partir d'elle-même, et non des entités élémentaires qui la composent. La réalité de la société est transcendante par rapport à ses membres. Ce qui veut dire que, loin qu'elle soit faite pour ceux-ci, et située par conséquent dans le prolongement de leurs besoins particuliers, ce sont eux qui, le plus souvent à l'encontre de ce à quoi les détermine leur nature sensible individuelle, doivent s'efforcer de la réaliser. Envisagée en ce sens, la réalité de la société est donc bien, pour les individus pris dans le cercle supérieur qu'elle trace, de l'ordre de l'idéal.

Ici, la sociologie morale révèle son autre face, non moins essentielle que la première. Science de la morale, elle est aussi et inséparablement une morale sociale et, par ce biais tout au moins, prolonge le mode de pensée républicain en se proposant de l'accomplir. Cessant de considérer le social comme le champ d'application de la morale pour le concevoir comme son espace réel de constitution, la pensée durkheimienne fait du social l'élément moral par excellence. Or cela implique de le penser à la fois comme réalité et comme idéalité, ou plus exactement comme ce seul niveau de la réalité où celle-ci rejoint directement l'idéal. En cela, l'analyse ne pourra se limiter au réalisme descriptif d'une « science des mœurs » : car juger, comme Lévy-Bruhl, que « la demande "Donnez-nous une morale" est sans objet » parce qu'on « ne pourrait donner aux demandeurs que la morale qu'ils ont déjà » (1), c'est négliger ce qui fait l'essence même du social, comme source suprême de va-

(1) *La morale et la science des mœurs*, p. 270-271.

lorisation, seuil ontologique où l'être s'annonce, sans contradiction, comme devoir-être, selon un mouvement paradoxal d'ouverture à un ordre qui le transcende. A cet égard, la formulation durkheimienne du problème doit être entendue dans sa stricte littéralité : « Nous ne pouvons aspirer à une autre morale que celle qui est *réclamée* par notre état social. » (1) C'est dire que l'état social, s'il constitue un donné, ne se donne cependant que sur le mode de l'aspiration. Par cet aspect, il est plus et autre chose qu'un état, qu'une disposition statique. Sous l'impulsion de sa dynamique interne, il s'extrait de lui-même pour s'affirmer comme valeur. La science du social, dans ces conditions, serait lavée de toute accusation de conservatisme en raison de la teneur spécifique de son objet – son être de valeur inscrite dans les faits, en tant que ceux-ci sont précisément des faits sociaux.

Du moral au social, il n'y a pas eu passage, et moins encore substitution. A travers la dignité ontologique nouvellement conquise du second, c'est en fait l'éminence du premier que l'on déchiffre. Or si la charge morale dont le social est d'emblée investi lui est proprement essentielle, on peut craindre que la critique que la sociologie morale avait livrée de la morale théorique n'aboutisse en fait à la reconduction de celle-ci, sous une forme qui, quoique considérable-

(1) « La détermination du fait moral », p. 88.

ment remaniée, en préserve la signification fondamentale (1). Comment ne pas lire, en effet, dans la reconnaissance de l'ambivalence constitutive de l'objet sociologique, l'affiliation de la sociologie à une perspective normative qui, en fin de compte, l'identifie à la morale elle-même ? Dans ces conditions, on est alors fondé à repérer, à la racine de la pensée durkheimienne, l'instauration d'une sorte de « métamorale » (2) qui n'a renoncé à l'instance abstraite de la raison individuelle que pour en transposer les attributs à une instance plus abstraite encore, celle-là même que le social, en tant que réalité unifiée, est censé incarner. Du même coup, il faudrait rendre raison à la lecture de Bouglé et admettre que la caractérisation de spiritualisme, en l'espèce, est parfaitement justifiée. Le social, en vertu de la dimension morale qui lui est consubstantielle, n'est rien d'autre que l'instance spirituelle supérieure où les normes morales se tiennent dans leur pureté pour s'imposer aux sujets individuels concrets. Mais alors, l'effet sociologique en philosophie s'avère beaucoup moins novateur

(1) Le terme de « morale théorique » est d'ailleurs employé par Fauconnet dans sa présentation au recueil de Durkheim, *L'éducation morale*. Sur cette résurgence, G. Gurvitch fonde entièrement son interprétation critique de la conception durkheimienne des faits moraux (cf. *La vocation actuelle de la sociologie*, PUF, 1950, vol. II, p. 175-202).

(2) Gurvitch, *La vocation actuelle de la sociologie*, PUF, 1950, vol. II, p. 180-181.

qu'on n'a pu le croire. L'axe dominant du projet durkheimien de compréhension sociologique des faits moraux consiste moins dans la mise au jour de la *socialisation par la morale* – faisant de la morale une fonction du collectif à partir de laquelle celui-ci serait analysable dans la pluralité de ses modes – que dans celle de la *moralisation par le social* – où l'unité de la morale est garantie par celle du social lui-même, conçu, dans son essence même, comme puissance normative universelle. Nouvelle forme du moralisme philosophique, la sociologie serait alors en son fondement une philosophie du social, au simple sens où elle a su reconnaître en celui-ci la réponse aux difficultés rencontrées par les conceptions traditionnelles – c'est-à-dire, aussi, la possibilité d'accomplir ces conceptions, de les développer sans entrave et de leur fournir une cohérence accrue en les replaçant dans un dispositif théorique désormais consolidé.

On pourrait s'en tenir là, si les textes relatifs au problème moral n'étaient précédés d'une réflexion qui, portant précisément sur la consistance spirituelle du social, conduit la pensée durkheimienne, par un retour critique sur ses présupposés, à une sorte de point d'hérésie où elle jette elle-même les bases de son propre renversement. A ce point, le problème du spiritualisme sociologique est abordé de front. Il ne se pose plus tant sur le plan de la philosophie pratique où s'explicitent les effets de normativité d'un hypothétique esprit collectif, que sur celui, proprement théorique, où l'hypothèse même d'un tel esprit voudrait être construite. Afin que le social exerce son action, afin qu'il s'impose réellement aux individus concrets en les déterminant à penser et à agir suivant sa finalité propre, il faut qu'il les pénètre effectivement – il faut qu'il *représente* pour ceux-ci une valeur, et, par suite, qu'il consiste lui-même en *représentations.* Il est donc, non seulement légitime, mais encore impératif de remonter au principe de l'acte de valorisation qu'on a mis en lumière, et de se demander « d'où vient qu'il existe un monde séparé et à part, un monde de représentations *sui generis* ; à quoi dans le réel correspondent ces représentations » (1). Ces interrogations sont au premier plan de l'article « Représentations individuelles et représentations collectives » publié en 1898 dans la *Revue de métaphysique et de morale,* texte dont le caractère exceptionnel et atypique a été souligné par les durkheimiens eux-mêmes (2). L'aspect remarquable, en l'occurrence, tient à la polarisation inattendue du propos. Abandonnant le social dans sa postulation abstraite, on voudrait se situer désormais à l'articulation réelle de l'individuel et du collectif pour ressaisir en elle-même l'instance unifiée que

(1) « La détermination des faits moraux », p. 104.

(2) Blondel, *La psychologie collective,* Colin, 1928, p. 44.

forme l'individu comme être socialisé. Par rapport aux *Règles de la méthode sociologique*, le problème est par conséquent nettement décalé : il ne concerne plus tant la détermination de la sociologie comme connaissance autonome, que sa détermination comme connaissance concrète, susceptible d'atteindre la réalité humaine en tant que telle, au niveau mental où s'atteste l'empreinte du collectif. En quoi consiste cette empreinte et comment la concevoir adéquatement ? Que signifie, pour un individu considéré dans sa singularité même, le fait d'être socialisé ? Ou encore, comment décrire cette dimension de lui-même où se manifeste son appartenance au social ? C'est sous cet angle que le questionnement est désormais conduit, à contre-courant d'une revendication dogmatique du social comme abstraction désincarnée, indifférente, voire étrangère aux sujets rassemblés.

L'un des effets les plus visibles de ce changement de problématique est d'ordre épistémologique. Plus précisément, il concerne la coupure entre la science de l'individuel et la science du social que représentent respectivement la psychologie et la sociologie. Dans la perspective d'une appréhension conjointe de l'individuel et du collectif, l'opposition des deux démarches se complique en effet singulièrement, toute distinction se trouvant en l'espèce indexée à la reconnaissance d'un terrain commun où la coappartenance indiquée se réalise effectivement. Ce terrain, c'est celui de la réalité psychique en général que la catégorie souveraine de représentation est censée envelopper intégralement. Si la pertinence de cette catégorie doit être défendue – et cela dans le champ même de la psychologie, où Durkheim se prononce en faveur d'une approche « naturaliste » opposée à l'introspectionnisme comme à l'épiphénoménisme (1) – c'est qu'elle est aussi bien la condition de possibilité de la psychologie individuelle que de la sociologie – tout fait social, en tant qu'il s'impose aux consciences individuelles, existant nécessairement à titre de phénomène psychique.

Pourtant, il faut immédiatement souligner que cet ancrage commun ne revient pas à effacer les différences. Parler de représentation collective ne signifie pas que le mode d'être psychique du fait social puisse se ramener en dernière analyse à celui des phénomènes qui ne relèvent que de l'esprit particulier où ils se manifestent. Cela veut seulement dire que le social existe bel et bien sous l'aspect psychique, et constitue une réalité spirituelle à ce titre. Dès lors, on ne s'étonnera pas que la sociologie, malgré l'acte inaugural de rupture par lequel elle s'est rendue autonome, puisse se qualifier à son tour comme une forme nouvelle d'investigation psychologique, et prendre le nom de

(1). « Représentations individuelles et représentations collectives », p. 45-46.

« psychologie collective » (1). Car la détermination de collectif vaut comme une réévaluation du psychique à ce point radicale qu'elle ne brouille aucunement la distinction des deux niveaux de réalité. Et c'est en vertu des mêmes principes que le sociologue est fondé à se réapproprier la notion même de spiritualité, dont les risques de confusion sont pourtant manifestes, pour la rehausser et l'investir d'un sens nouveau, vidé de tout caractère métaphysique :

> « ... du point de vue où nous nous situons, si l'on appelle *spiritualité*, la propriété de la vie représentative chez l'individu, on devra dire de la vie sociale qu'elle se définit par une *hyper-spiritualité* ; nous entendons par là que les attributs de la vie psychique s'y retrouvent, mais élevés à une bien plus haute puissance et de manière à constituer quelque chose d'entièrement nouveau. Malgré son aspect métaphysique, le mot ne désigne donc rien qu'un ensemble de faits naturels, qui doivent s'expliquer par des causes naturelles. » (2)

Plus spiritualiste que le spiritualisme, la pensée du social se conçoit comme une élévation à la puissance. Mais n'est-ce pas là accentuer la difficulté, plutôt que la résoudre ? On peut comprendre en effet que la distinction entre représentation individuelles et représentation collectives, dans la mesure précisément où elle dé-

(1) « Représentations individuelles et représentations collectives », p. 47.

(2) « Représentations individuelles et représentations collectives », p. 48.

signe de part et d'autre des représentations, revienne à postuler deux instances psychiques qui, quoi que distinctes, sont toutes deux de nature spirituelle. Mais, dans ce cas, en quoi la différence introduite est-elle véritablement une différence de nature ? Ou, pour le dire autrement, en quoi la vie psychique collective constitue-t-elle « quelque chose d'entièrement nouveau », si sa nouveauté même n'est perceptible qu'à partir de la vie psychique individuelle dont il est dit dans le même temps qu'elle est radicalement dépassée ? Au reste, on remarquera que lorsqu'il affirme l'existence d'une « individualité psychique d'un genre nouveau », Durkheim se corrige aussitôt. Pour soutenir la distinction entre une conscience collective propre à une société donnée, et les consciences individuelles des membres de cette société, « il n'est pas nécessaire d'hypostasier la première »(1), mais il suffit d'admettre que la fusion des parties produit des effets qui définissent en eux-mêmes un nouvel ordre de réalité, régi par une causalité qui lui est spécifique. Bref, il n'est pas nécessaire de souscrire à ce qui ne serait jamais qu'une construction métaphysique de plus, il suffit de s'en tenir à un constat épistémologique quant à l'irréductibilité des niveaux de phénomènes. En limitant ainsi la portée du propos, on pourrait du même coup, sinon rejeter complètement,

(1) *Les règles de la méthode sociologique*, p. 103.

tout au moins contourner la caractérisation d'hyper-spiritualisme à laquelle, à première vue, on était conduit.

Au demeurant, la volonté d'instaurer une différence de nature sur la base de ce qu'il faut reconnaître au préalable comme une communauté de texture ne laisse pas d'être problématique. Représentations individuelles et représentations collectives, aussi distinctes puissent-elles être, ont en partage une certaine identité psychique qui seule rend pensable l'articulation réelle de l'individuel et du collectif qu'on cherche à élucider. Plus exactement, ce qu'il s'agit de comprendre, dans le cas présent, c'est le fait que l'individu puisse intégrer pour son propre compte un régime de pensée qui procède d'un tout autre lieu que celui constitué par le niveau particulier qu'il incarne. Que ce régime de pensée, défini en termes de représentation, appelle dans la foulée, à titre de support subjectif indispensable, une détermination du social comme « conscience collective », cela ne fait que mieux accuser l'ambiguïté. Et il ne suffit pas de dire qu'aucune hypostase n'est ici impliquée, et qu'une telle conscience ne forme pas un esprit surplombant réellement les consciences particulières pour infléchir leur cours, à la manière du *Volksgeist*

(1) Cf. C. Blondel, qui dédouane ainsi Durkheim de toute compromission hégélienne sur ce point : « L'expression "conscience collective" désigne uniquement l'ensemble des sentiments, des représentations, des volitions communes à tout un groupe et n'est pas le moins du monde une

hégélien(1). Car c'est la cohérence interne de la notion de conscience collective, suivant la tension qui la traverse, qui est ici en cause.

La voie frayée par Durkheim, dans cet article de 1898, est cependant inédite. Elle consiste à suivre le processus par lequel les consciences individuelles sont effectivement en rapport avec la nébuleuse des représentations collectives, imprégnées par celles-ci, investies de l'intérieur d'elles-mêmes par ce régime représentatif d'ordre supérieur dont elles ne peuvent à elles seules rendre compte. C'est par cet aspect que le texte, apparemment mineur, prend tout son relief. Cherchant à évaluer, au plan de la constitution psychique de l'individu même, ce qu'il faut appeler les effets réels de socialisation, le sociologue concentre alors son attention sur la notion de représentations inconscientes et entreprend de lui conférer un statut précis. Ce statut, c'est celui de la forme que prennent les représentations collectives en tant qu'elles s'inscrivent et sont saisies au plan, par définition limité, du psychisme individuel. En d'autres termes, les représentations inconscientes sont ici conçues comme le mode psychique selon lequel les représentations collectives existent réellement dans les consciences individuelles. Conception qui ne va pour-

invite, même discrète, à admettre l'intervention dans la vie des sociétés d'un Volksgeist, d'une âme des peuples, en vérité bien hypothétique » (*La psychologie collective*, p. 51).

tant nullement de soi, tant la notion de représentation inconsciente, sur le terrain même de la psychologie individuelle, s'avère difficile à établir :

« Il est certain que le monde intérieur est encore, en grande partie, inexploré, que des découvertes s'y font tous les jours, que bien d'autres y restent à faire et que, par conséquent, il ne suffit pas d'un peu d'attention pour en prendre connaissance. En vain on répond que ces représentations, qui passent pour inconscientes, sont seulement aperçues d'une manière incomplète et confuse. Car cette confusion ne peut tenir qu'à une cause, c'est que nous n'apercevons pas tout ce que ces représentations renferment ; c'est qu'il s'y trouve des éléments *réels et agissants*, qui, par conséquent, ne sont pas des faits purement physiques, et qui pourtant, ne sont pas connus du sens intime. La conscience obscure dont on parle n'est qu'une inconscience partielle ; ce qui revient à reconnaître que les limites de la conscience ne sont pas celles de l'activité psychique. » (1)

Si l'on parle encore improprement de conscience obscure, et qu'on s'enferme ainsi dans une conception incohérente des représentations inconscientes, c'est qu'on n'a pas opéré la dissociation de la conscience et de ses représentations (2). Or, à l'aune de cette disso-

(1). « Représentations individuelles et représentations collectives », p. 30-31.

(2). On notera que cette thèse s'écarte sur un point essentiel de la théorie, d'inspiration néo-criticiste, développée par Hamelin, dans son *Essai sur les éléments principaux de la représentation*. L'ouvrage, paru en 1907, marque profondément le contexte de l'époque. Il constitue pour Durkheim une référence importante (cf. *Textes I*, Éd. de Minuit, 1975, p. 429).

ciation, état conscient et état d'inconscience peuvent être circonscrits avec justesse, et les principales difficultés théoriques que leur apposition suscite trouver du même coup leur solution. Cette dissociation, en effet, que peut-elle signifier sinon l'aveu de ce que l'activité psychique, essentiellement représentative, déborde les cadres de la conscience ? Entendons bien : ce dépassement ne tient pas au fait que la conscience parvient mal à exercer son pouvoir, mais à la nature des représentations elles-mêmes. Les « éléments réels et agissants » qu'elles contiennent semblent les animer d'une vie propre, et manifestent leur indépendance constitutive par rapport au pôle individuel du moi conscient.

Mais, parvenu à ce stade, Durkheim butte sur un obstacle important. Le point d'ancrage du moi individuel conscient une fois défait, les représentations inconscientes n'en demeurent pas moins des représentations. En tant que telles, n'exigent-elles pas alors une entité pour laquelle elles représentent véritablement, sur un mode clair et distinct, c'est-à-dire consciemment ? On le voit, répondre par l'affirmative à cette question revient à faire resurgir une contradiction interne à la notion qu'on cherche à éclairer. Aussi Durkheim avoue-t-il sa difficulté à assumer pleinement les implications de la dissociation qu'il a auparavant opérée, et à dénouer le sens qu'il est possible de donner à une représentation qui, présente dans le psychisme individuel, non seulement n'est pas appréhendée par le moi, mais encore ne se rapporte à un moi d'aucune sorte. Se refusant à conclure dans le corps du texte, il s'exprime dans une courte note en bas de page :

« Au fond la notion d'une représentation inconsciente et celle d'une conscience sans moi qui appréhende sont équivalentes. Car quand nous disons qu'un fait psychique est inconscient, nous entendons seulement qu'il n'est pas appréhendé. Toute la question est de savoir quelle expression il vaut mieux employer. Au point de vue de l'imagination, l'une et l'autre ont le même inconvénient. Il ne nous est pas plus facile d'imaginer une représentation sans sujet qui se représente, qu'une représentation sans conscience. » (1)

Ce témoignage est significatif à la fois de l'aporie rencontrée et des voies par lesquelles sa résolution est susceptible d'apparaître. Car ici, la pensée durkheimienne se trouve confrontée, en vertu du socle théorique dont elle procède, à la limite de ce qu'elle peut concevoir. Mais elle indique aussi, par un geste remarquable et sur un mode qui, quoique négatif, n'en demeure pas moins explicite, cet autre lieu qu'il lui faudrait atteindre – et qu'elle atteindra effectivement, non chez Durkheim lui-même, mais chez certains de ses disciples, plus à même que leur maître à tirer parti d'une conceptualisation de l'inconscient comme réalité spécifique, irréductible à

(1). « Représentations individuelles et représentations collectives », p. 31-32.

l'objectivation psychologique classique. Pour voir cette perspective se dessiner, il faut suivre le mouvement manifestement hésitant de l'argumentation de Durkheim. Si l'imagination éprouve tant de peine à se figurer l'objet « représentation inconsciente », c'est que la destitution du moi conscient quant à sa capacité à saisir certaines représentations implique nécessairement l'établissement d'une autre entité subjective – la notion de représentation ne parvenant pas à trouver son fondement en elle-même. Mais alors, l'aporie soulignée, et le fait qu'elle soit précisément reconnue comme une impossibilité à nommer ce qui s'impose pourtant empiriquement, ne tient-elle pas précisément à l'idée même de représentation et à l'économie qu'elle implique ? Cette notion, héritée de la philosophie et encore unanimement admise, entre en effet en crise à partir du moment où l'on conçoit certains états psychiques comme constitutivement inconscients, c'est-à-dire comme n'exigeant nullement, pour être conçus, une quelconque entité qui les appréhenderait, et à laquelle ils seraient présents. Or avec elle, ce n'est pas seulement l'approche psychologique qui est atteinte : mais c'est, beaucoup plus largement, l'architecture d'ensemble d'une forme de conception traditionnelle de la réalité psychique qui commence à vaciller. L'effet sociologique en philosophie se déclinerait alors ainsi : tirer les conséquences de ce que signifie, pour un psychisme individuel, son intégration concrète à un contexte social déterminé, c'est engager une vision radicalement nouvelle de l'esprit humain, non spiritualiste en ce sens précis qu'elle déjoue les attendus de la logique représentative à laquelle on avait jusqu'ici soumis de manière univoque les phénomènes spirituels.

Mais Durkheim ne consent pas à aller jusque-là. Même s'il est développé jusqu'au point extrême où se révèlent ses insuffisances logiques, le concept de représentation est et doit rester pleinement opératoire. La théorisation embarrassée des représentations inconscientes n'y change rien : il n'y a d'autre possibilité, afin de définir une entité psychique, que de l'appréhender sous cette forme, lui attribuant du même coup un contenu représentatif, ainsi qu'une polarité subjective à titre d'instance susceptible de se représenter un tel contenu. Or on comprend que, dans cette voie, la notion de « conscience collective » s'impose comme une solution inévitable, en dépit des méprises qu'elle peut entraîner. La conscience collective étant en somme le pôle psychique fondamentalement en excès par rapport au psychisme de l'individu, lui seul est à même de fournir son référent subjectif aux représentations individuelles inconscientes, qui restent sans cela énigmatiques, voire inconsistantes. Celles-ci ne seraient, dans ces conditions, inconscientes que *pour nous*, c'est-à-dire rapportées aux seules consciences individuelles dont elles ne procèdent pas. Au contraire, rapportées à la conscience collective, entité psychique originale résultant de l'unité des consciences particulières, leur contradiction interne se dissout. Non pas qu'elles soient directement produites par ce moi supérieur et impersonnel – thèse qui impliquerait qu'elles soient purement et simplement identifiées aux représentations collectives, ce qui n'est jamais le cas –, mais elles doivent être interprétées comme l'*effet* de l'insertion des représentations collectives au plan restreint de la nature psychique individuelle. Ce qui revient en somme à faire de l'inconscient l'empreinte individuelle d'une autre conscience qui, intérieurement au psychisme humain, le redouble et tend à déterminer son activité propre. Par ce biais, on le voit, l'*homo duplex* reprend forme et s'impose comme figure dominante de la subjectivité, celle-ci apparaissant dédoublée à l'intérieur d'elle-même, habitée par ce double de la conscience dont la réalité tient tout entière à l'exercice d'une puissance psychique extérieure, de nature spécifiquement sociale.

Ainsi, les hésitations de Durkheim sont significatives de l'impossibilité dans laquelle il se trouve d'envisager les phénomènes inconscients autrement que comme l'empreinte individualisée de la transcendance du social. Dans le sillage de la psychologie de Janet (1), il

(1). De fait, Durkheim se réfère ici explicitement à la thèse de Janet, *L'automatisme psychologique* (1889). Cf. « Représentations individuelles et représentations collectives », p. 28.

côtoie l'hypothèse d'un inconscient social qui s'apparente bien plus à l'inconscient de Jung qu'à celui de Freud, puisqu'il est le lieu de représentations pour une conscience du groupe qui se situe hors des consciences individuelles, agissant sur chacune d'elles en la scindant et en la contraignant. On sait que pour Freud, à l'inverse, la transposition de l'inconscient au niveau supérieur du collectif est tout à fait illégitime. Si l'inconscient ne peut être conçu comme la doublure secrète de la conscience qui travaille en arrière d'elle pour la déterminer à son insu, c'est d'abord qu'il obéit à des lois qui lui sont propres, irréductibles à celles de la logique consciente, qu'elles soient celles de la conscience individuelle ou de sa projection sur un plan collectif. C'est donc qu'il n'est pas une *autre conscience*, à laquelle renvoient d'*autres représentations*. Pour cette raison même, il peut être pensé comme ce niveau de l'individualité où l'opposition de l'individuel et du collectif disparaît, et où devient lisible le processus de socialisation immanent à l'individu que la sociologie, en tant que science concrète, se fixe pour ultime objet d'analyse. A ce point de croisement entre psychanalyse et science sociale, l'anthropologie culturelle américaine et l'anthropologie structurale en France trouveront un appui essentiel. Plus près de Durkheim, et par une sorte d'infléchissement interne des concepts fondamentaux du durkheimisme, la même inspiration est à l'œuvre chez Marcel Mauss, qui, le premier, attire l'attention des sociologues sur l'importance des découvertes freudiennes et tente de faire converger psychologie et sociologie, non plus au plan secondaire des représentations, mais à celui, plus fondamental, des symboles et de l'activité symbolique. Car l'activité de l'esprit collectif « est encore plus symbolique que celle de l'esprit individuel, mais elle l'est exactement dans le même sens. A ce point de vue, il n'y a que différence d'intensité, d'espèce, il n'y a pas différence de genre » (1). C'était là signifier l'effacement de la différence de nature dont la proclamation demeurait l'indice d'un dilemme insoluble. Pourtant, il est certain que ces perspectives nouvelles n'auraient pu apparaître sans la première brèche introduite par Durkheim dans l'édifice de ses propres théories sociologiques, à la faveur d'une réflexion proprement philosophique qui, traçant malgré elle les limites du concept de représentation, a ouvert la voie à une autre manière de concevoir l'esprit.

BRUNO KARSENTI

(1) « Rapports réels et pratiques de la sociologie et de la psychologie », conférence à la Société française de psychologie, 1924, in *Sociologie et anthropologie,* PUF, 1966, p. 295.

PRÉFACE

Nous rassemblons ici et publions à part quelques études d'Émile Durkheim, parues naguère dans la *Revue de Métaphysique et de Morale* et dans le *Bulletin de la Société française de Philosophie.* Un caractère leur est commun : elles éclairent ce que pensait Durkheim non pas seulement de tel ou tel problème sociologique particulier, mais des problèmes généraux qui occupent ordinairement les philosophes — rapports de la matière et de l'esprit, de la conscience et de la nature, de la raison et de la sensibilité. Elles montrent en quel sens et dans quelle mesure la sociologie renouvelle la philosophie. Et puisqu'on se préoccupe aujourd'hui de faire une plus large place à la sociologie non seulement dans nos lycées et collèges, mais dans nos Écoles Normales, il nous a semblé que ce recueil pourrait rendre des services particuliers : il vient à point nommé pour proposer à l'enseignement des orientations et des thèmes de discussion.

Durkheim, pour continuer l'œuvre d'Auguste Comte, éprouve le besoin de se spécialiser, de limiter d'abord son champ d'études. La sociologie ne saurait progresser que si l'on multiplie, selon la norme qui s'impose à toute science, non seulement les recherches objectives, mais les recherches spécifiques. Le précurseur, entraîné par une ambition grandiose, a volontiers parlé de l'Humanité en général. Sans se demander d'abord s'il ne fallait pas distinguer divers types de sociétés, diverses formes d'évolution il a embrassé, dans son audacieuse synthèse, toutes les catégories de faits sociaux. Aux continuateurs d'être plus modestes : chacun d'eux doit s'atteler, pour faire avancer la science, à une série particulière de problèmes.

Se soumettant à cette loi, Durkheim a concentré son attention sur les problèmes moraux. Depuis la *Division du Travail social* jusqu'aux *Formes élémentaires de la vie religieuse*, en passant par le *Suicide*, sa préoccupation maîtresse demeure de faire comprendre l'essence de la moralité, le rôle qu'elle joue dans les sociétés, la façon dont elle s'y forme et s'y développe en traduisant leurs aspirations. Ses études se rattachent toutes, plus ou moins directement, à la sociologie morale. Notons bien que ces études, dans sa pensée, ne devaient pas demeurer théoriques. Aboutir à des conclusions pratiques, fournir des directions à l'action sociale, c'était son ambition suprême. Mais pour y arriver il n'était à ses yeux d'autre chemin que la science positive. On peut voir, dans la discussion sur la *Détermination du fait moral* comme dans l'introduction de la *Division du Travail*, le constant souci que montre Durkheim d'éviter le mysticisme, abîme où risquerait de sombrer la raison humaine, de réfuter par les résultats mêmes de ses recherches ceux qui répètent qu'en matière de morale la science a fait banqueroute, d'offrir enfin à la conscience comme un soubassement de faits établis par l'observation positive. En ce sens on pourrait soutenir que la volonté de Durkheim est de parler, même en matière de morale, un langage de savant spécialisé, non un langage de philosophe.

Il devait être amené pourtant à traiter à sa manière des grands problèmes généraux qui ne se laissent pas oublier. D'abord parce que la sociologie avait à prouver son droit à l'existence non seulement par des recherches positives, mais par des discussions de principes. Il est rare qu'une science à l'état naissant ne soit pas obligée de philosopher pour se tailler sa place : elle se pose en se distinguant. Elle invite les esprits à réfléchir sur les rapports des sciences entre elles, sur les différences des méthodes, sur la hiérarchie des formes de l'être : toutes questions qui impliquent une philosophie.

D'ailleurs, au fur et à mesure que se développaient ses recherches, Durkheim pressentait qu'elles le conduiraient, non pas seulement à faire mieux comprendre le rôle et la valeur de telle règle ou de telle discipline morale, mais à concevoir de façon nouvelle les rapports de la conscience et de la raison même avec la nature. Une explication du dualisme qui est le caractère propre de l'être humain prenait forme dans sa pensée. Durkheim n'a pu se retenir de laisser entrevoir les conclusions générales où il tendait. Ainsi est né ce qu'on appelle souvent aujourd'hui le « sociologisme », qui est un effort philosophique pour couronner les études spéciales, objectives et comparatives, auxquelles se consacrent les sociologues, par une théorie explicative de l'esprit humain.

* * *

La publication des articles que nous rassemblons ici achèvera peut-être de dissiper un certain nombre d'équivoques auxquelles ont donné lieu les tendances de ce sociologisme.

On verra clairement, en particulier, à quel point il est éloigné du matérialisme, et même de l'organicisme, et de l'utilitarisme social, avec lesquels on a quelquefois essayé de le souder.

On s'est laissé abuser ici par certaines formules tranchantes détachées des *Règles de la méthode sociologique*. Quand Durkheim nous invite à traiter les faits sociaux « comme des choses », c'est pour nous aider à nous dégager de toute « prénotion », c'est pour nous avertir qu'il ne suffirait pas de nous pencher sur nous-mêmes et de consulter notre sentiment pour établir l'essence, les origines et les fonctions de diverses institutions humaines ; ce n'est pas pour essayer de ramener les lois du développement de celles-ci aux lois de la matière, ce n'est pas pour expliquer en tout et pour tout le dedans par le dehors, le supérieur par l'inférieur. Durkheim est au contraire un de ceux qui insistent le plus sur ce fait que la société est « avant tout un ensemble d'idées ». Il dira lui-même que la sociologie doit porter son attention non pas seulement sur des formes matérielles, mais sur des états psychiques et qu'elle est au total une étude de l'opinion. C'est par leurs consciences que les hommes sont liés. Les croyances collectives sont le nœud vital de toute société.

Et sans doute, dans ses premiers travaux, Durkheim se plaît à insister sur l'étroit rapport qui se révèle entre ces croyances et la forme même du milieu social. Selon que les groupes sont plus ou moins volumineux, selon que la densité et la mobilité des individus y sont plus ou moins grandes, les relations varient entre les consciences individuelles et la conscience collective, les croyances que celle-ci consacre se font moins pesantes et finissent par ménager une place au culte de la personne humaine. La « morphologie sociale » a donc son mot à dire pour expliquer cette évolution. Il reste que les représentations collectives une fois constituées se combinent, s'attirent ou se repoussent selon des lois psychologiques qui leur sont propres. Durkheim est très préoccupé de rappeler que les croyances religieuses des hommes, et à plus forte raison leurs idées scientifiques sont bien loin de demeurer de purs et simples reflets des formes sociales elles-mêmes. Tant il est vrai qu'il est aussi éloigné que possible de vouloir imposer à la sociologie les explications de type et de tendance matérialistes.

L'article déjà ancien que nous reproduisons ici : *Représentations individuelles et représentations collectives*, met très clairement en lumière cette tendance anti-matérialiste. Il aurait dû épargner à certains critiques des erreurs assez grosses. Nous ne connaissons pas de réfutation plus vigoureuse de l'atomisme en psychologie. Durkheim démontre de façon péremptoire la vanité de toute tentative pour attacher l'idée à la cellule. L'existence même de la mémoire suffit à établir, selon lui, que la vie représentative ne saurait être inhérente à la matière nerveuse : comme elle a ses manières d'être spéciales elle subsiste par ses propres forces. C'est qu'elle subit l'influence et traduit l'existence non pas de tel élément cérébral en particulier, mais de l'ensemble des éléments cérébraux, des réactions qu'ils exercent les uns sur les autres, autrement dit de leur vie commune. Or partout où il y a vie commune, des effets apparaissent qui dépassent et débordent les propriétés des éléments particuliers : la synthèse est créatrice. Et c'est pourquoi, de même que la connaissance de ce qui se passe dans les cellules cérébrales ne nous donnerait pas la clef des représentations individuelles, la connaissance de ce qui se passe dans les consciences individuelles ne nous donnerait pas la clef des représentations collectives : ici comme là il faut compter avec ce que le tout ajoute aux parties.

Nous touchons ici, croyons-nous, un point central de la philosophie de Durkheim. De même que pour un Tarde l'idée maîtresse, l'idée modèle est celle de la contagion biologique — croyances et désirs passant d'âme en âme comme les microbes d'organisme en organisme — de même pour un Durkheim l'idée maîtresse, l'idée modèle est celle de la synthèse chimique, qui fait apparaître des phénomènes que les propriétés des éléments isolés ne pouvaient faire prévoir. Durkheim, discutant les reproches de matérialisme qu'on lui avait lancés de façon si légère, fait observer qu'il avait retenu cette leçon de Renouvier, qu'il y a dans le tout plus que dans les parties. Il aurait pu ajouter que celui dont il suit plus directement encore la trace et applique le programme, Auguste Comte lui-même, n'a jamais essayé pour sa part d'expliquer le supérieur par l'inférieur. En dépit d'interprétations encore trop répandues le positivisme n'a rien d'un monisme. Il sait qu'à chaque étage de l'être il apparaît des formes nouvelles, qui méritent d'être étudiées, dans leur originalité, par des méthodes spéciales. Pas plus que la chimie ne donnerait la clef de la biologie la biologie ne donnerait la clef de la sociologie. Sur ce point la philosophie d'Auguste Comte est assez près — malgré tout ce qui par ailleurs les sépare — de celle d'Émile Boutroux, qui fut le maître de Durkheim à l'École Normale. Les deux enseignements convergeaient pour lui fairc pressentir ce qu'il appelle lui-même la « contingence des formes supérieures du réel ». Il est prêt à réclamer pour la vie collective cette autonomie relative qui est nécessaire et suffisante pour sauvegarder les droits de l'esprit.

***

Si Durkheim se refuse, dans l'ordre de la philosophie théorique, à effacer l'originalité de la vie spirituelle, à plus forte raison est-il disposé à en affirmer le prix dans l'ordre de la philosophie pratique.

C'est cette conviction qui est la raison profonde de l'opposition qu'il a toujours manifestée, en morale, aux tendances purement utilitaires comme aussi des limitations qu'il a apportées à la thèse organiciste.

Quand on entendit Durkheim répéter : « La morale commence où commence l'attachement à un groupe », quand on le vit subordonner les devoirs personnels aux devoirs sociaux et démontrer enfin qu'aujourd'hui la consigne primordiale pour l'homme est de bien remplir sa tâche professionnelle, nombre d'esprits conclurent que sa doctrine tendait à réduire les individus au rôle d'organes, et que les règles morales visaient par dessus tout, selon lui, à entretenir la cohésion, la durée, la vie de ces grands organismes qui sont les êtres sociaux.

La pensée de Durkheim est singulièrement plus complexe et plus haute. On le vit clairement lorsqu'ils communiqua au Congrès de Bologne ses remarques si pénétrantes sur l'origine et la fonction des *Jugements de valeur*. L'autorité dont ils sont revêtus, leur tendance à s'imposer, leur effort vers l'universalité sont à ses yeux une preuve suffisante qu'ils expriment autre chose ou que les propriétés réelles des objets, ou que les préférences personnelles des sujets : dans l'ordre esthétique comme dans l'ordre économique, dans l'ordre religieux comme dans l'ordre proprement moral, les impératifs qui hiérarchisent ainsi choses et gens sont autant d'expressions de volontés collectives. Est-ce à dire qu'ils ne visent qu'à assurer la cohésion du groupe pour mieux entretenir sa vie ? La vie qu'ils entretiennent n'est pas une vie quelconque. C'est une vie spirituelle, qui permet en effet aux membres de la société de faire prédominer en eux, comme eût dit Auguste Comte encore, l'humanité sur l'animalité.

Durkheim le déclare avec toute la netteté désirable : « La société n'est pas un système d'organes et de fonctions... elle est le foyer d'une vie morale. » Il observe encore qu'on diminue la société quand on ne voit en elle qu'un corps organisé en vue de certaines fonctions vitales. « Sa vraie fonction est de créer de l'idéal. » Elle constitue ainsi le milieu original où la nature n'émerge que pour se dépasser en quelque sorte elle-même.

De ce point de vue la société n'apparaît pas seulement comme une force de pression, elle est pour l'individu un moyen d'élévation. Aux disciplines que lui imposent les exigences de la vie commune, son âme trouve son compte. Pour reprendre et transposer l'image de Kant, sans cette atmosphère elle n'aurait jamais déployé ses ailes, elle serait incapable de voler. Sa dépendance même est libératrice. Dans les premiers chapitres de la *Division du Travail*, Durkheim refusait naguère d'accorder que la valeur d'une règle morale comme la règle du devoir professionnel tînt à cette fin dominante : promouvoir la civilisation. Mais il est visible par les exemples qu'il prend qu'il entendait alors par civilisation la multiplication des biens matériels. Par ces utilités même collectives il refusait de mesurer la moralité. Les choses changent si l'on entend par civilisation l'ensemble des biens spirituels, qui sont des instruments de perfectionnement personnel en même temps que de communion sociale. Durkheim accorderait alors que la société a pour fonction d'entretenir la civilisation : son rôle essentiel est de rendre possible, en préparant les conditions de la vie spirituelle, l'avènement d'une humanité.

*
* *

Ces brèves remarques suffisent pour qu'on pressente à quelle distance la philosophie de Durkheim nous entraîne des philosophies matérialistes et organicistes dont on a fait effort pour la rapprocher. Ainsi entendu, le sociologisme durkheimien est bien plutôt un effort pour fonder et justifier de façon nouvelle les tendances spiritualistes.

C. BOUGLÉ.

Chapitre Premier

REPRÉSENTATIONS INDIVIDUELLES ET REPRÉSENTATIONS COLLECTIVES (1)

Si l'analogie n'est pas une méthode de démonstration proprement dite, c'est pourtant un procédé d'illustration et de vérification secondaire qui peut avoir son utilité. Il n'est jamais sans intérêt de rechercher si une loi, établie pour un ordre de faits, ne se retrouve pas ailleurs, *mutatis mutandis* ; ce rapprochement peut même servir à la confirmer et à en faire mieux comprendre la portée. En somme, l'analogie est une forme légitime de la comparaison et la comparaison est le seul moyen pratique dont nous disposions pour arriver à rendre les choses intelligibles. Le tort des sociologues biologistes n'est donc pas d'en avoir usé, mais d'en avoir mal usé. Ils ont voulu, non pas contrôler les lois de la sociologie par celles de la biologie, mais induire les premières des secondes. Or de telles inférences sont sans valeur ; car si les lois de la vie se retrouvent dans la société, c'est sous des formes nouvelles et avec des

(1) Publié dans la *Revue de Métaphysique et de Morale*, t. VI, numéro de mai 1898.

caractères spécifiques que l'analogie ne permet pas de conjecturer et que l'on ne peut atteindre que par l'observation directe. Mais si l'on avait commencé par déterminer, à l'aide de procédés sociologiques, certaines conditions de l'organisation sociale, il eût été parfaitement légitime d'examiner ensuite si elles ne présentaient pas des similitudes partielles avec les conditions de l'organisation animale, telles que le biologiste les détermine de son côté. On peut même prévoir que toute organisation doit avoir des caractères communs qu'il n'est pas inutile de dégager.

Mais il est encore plus naturel de rechercher les analogies qui peuvent exister entre les lois sociologiques et les lois psychologiques parce que ces deux règnes sont plus immédiatement voisins l'un de l'autre. La vie collective, comme la vie mentale de l'individu, est faite de représentations ; il est donc présumable que représentations individuelles et représentations sociales sont, en quelque manière, comparables. Nous allons, en effet, essayer de montrer que les unes et les autres soutiennent la même relation avec leur substrat respectif. Mais ce rapprochement, loin de justifier la conception qui réduit la sociologie à n'être qu'un corollaire de la psychologie individuelle, mettra, au contraire, en relief l'indépendance relative de ces deux mondes et de ces deux sciences.

I

La conception psychologique de Huxley et de Maudsley, qui réduit la conscience à n'être qu'un épiphénomène de la vie physique, ne compte plus guère de défenseurs ; même les représentants les plus autorisés de l'école psycho-physiologique la rejettent formellement et s'efforcent de montrer qu'elle n'est pas impliquée dans leur principe. C'est qu'en effet la notion cardinale de ce système est purement verbale. Il existe des phénomènes dont l'efficace est restreinte, c'est-à-dire qui n'affectent que faiblement les phénomènes ambiants ; mais l'idée d'un phénomène additionnel, qui ne sert à rien, qui ne fait rien, qui n'est rien, est vide de tout contenu positif. Les métaphores mêmes que les théoriciens de l'école emploient le plus fréquemment pour exprimer leur pensée, se retournent contre eux. Ils disent que la conscience est un simple reflet des processus cérébraux sous-jacents, une lueur qui les accompagne, mais ne les constitue pas. Mais une lueur n'est pas un néant : c'est une réalité et qui atteste sa présence par des effets spéciaux. Les objets ne sont pas les mêmes et n'ont pas la même action selon qu'ils sont éclairés ou non ; leurs caractères mêmes peuvent être altérés par la lumière qu'ils reçoivent. De même, le fait de connaître, fût-ce imparfaitement, le processus organique dont on veut faire l'essence du fait psychique, constitue une nouveauté qui n'est pas sans importance et qui se manifeste par des signes appréciables. Car plus cette faculté de connaître ce qui se passe en nous est développée, plus aussi les mouvements du sujet perdent cet automatisme qui est la caractéristique de la vie physique. Un agent doué de conscience ne se conduit pas comme un être dont l'activité se réduirait à un système de réflexes : il hésite, tâtonne, délibère et c'est à cette particularité qu'on le reconnaît. L'excitation extérieure, au lieu de se décharger immédiatement en mouvements, est arrêtée au passage, soumise à une élaboration *sui generis*, et un temps plus ou moins long s'écoule avant que la réaction motrice apparaisse. Cette indétermination relative n'existe pas là où il n'existe pas de conscience, et elle croît avec la conscience. C'est donc que la conscience n'a pas l'inertie qu'on lui prête. Comment, d'ailleurs, en serait-il autrement ? Tout ce qui est, est d'une manière déterminée, a des propriétés caractérisées. Mais toute propriété se traduit par des manifestations qui ne se produiraient pas si elle-même n'était pas ; car c'est par ces manifestations qu'elle se définit. Or, qu'on appelle la conscience du nom qu'on voudra, elle a des caractères sans lesquels elle ne serait pas représentable à l'esprit. Par conséquent, du moment qu'elle existe, les choses ne sauraient se passer comme si elle n'existait pas.

La même objection peut encore être présentée sous la forme suivante. C'est un lieu commun de la science et de la philosophie que toute chose est soumise au devenir. Mais changer, c'est produire des effets ; car le mobile même le plus passif ne laisse pas de participer activement au mouvement qu'il reçoit, ne serait-ce que par la résistance qu'il y oppose. Sa vitesse, sa direction dépendent en partie de son poids, de sa constitution moléculaire, etc. Si donc tout changement suppose dans ce qui change une certaine efficacité causale et si, pourtant, la conscience, une fois produite, est incapable de rien produire, il faut dire que, à partir du moment où elle est, elle est hors du devenir. Elle resterait donc ce qu'elle est, tant qu'elle est ; la série des transformations dont elle fait partie s'arrêterait à elle ; au delà, il n'y aurait plus rien. Elle serait, en un sens, le terme extrême du réel, *finis ultimus naturae.* Il n'est pas besoin de faire remarquer qu'une telle notion n'est pas pensable ; elle contredit les principes de toute science. La manière dont s'éteignent les représentations devient également inintelligible de ce point de vue ; car un composé qui se dissout est toujours, à quelques égards, facteur de sa propre dissolution.

Il nous paraît inutile de discuter plus longuement un système qui, pris à la lettre, est contradictoire dans les termes. Puisque l'observation révèle l'existence d'un ordre de phénomènes appelés représentations, qui se distinguent par des caractères particuliers des autres phénomènes de la nature, il est contraire à toute méthode de les traiter comme s'ils n'étaient pas. Sans doute, ils ont des causes, mais ils sont causes à leur tour. La vie n'est qu'une combinaison de particules minérales ; nul ne songe pourtant à en faire un épiphénomène de la matière brute. Seulement, une fois cette proposition accordée, il faut en accepter les conséquences logiques. Or, il en est une, et fondamentale, qui paraît avoir échappé à de nombreux psychologues et que nous allons nous attacher à mettre en lumière.

Il est devenu presque classique de réduire la mémoire à n'être qu'un fait organique. La représentation, dit-on, ne se conserve pas en tant que telle ; quand une sensation, une image, une idée a cessé de nous être présente, elle a, du même coup, cessé d'être, sans laisser d'elle aucune trace. Seule, l'impression organique qui a précédé cette représentation ne disparaîtrait pas complètement : il resterait une certaine modification de l'élément nerveux qui le prédisposerait à vibrer de nouveau comme il a vibré une première fois. Qu'une cause quelconque vienne donc à l'exciter, et cette même vibration se reproduira et, par contre-coup, on verra réapparaître dans la conscience l'état psychique qui s'est déjà produit, dans les mêmes conditions, lors de la première expérience. Voilà d'où proviendrait et en quoi consisterait le souvenir. Ce serait donc par suite d'une véritable illusion que cet état renouvelé nous paraît être une revivification du premier. En réalité, si la théorie est exacte, il constitue un phénomène tout nouveau. Ce n'est pas la même sensation qui se réveille après être restée comme engourdie pendant un temps ; c'est une sensation entièrement originale puisqu'il ne reste rien de celle qui avait eu lieu primitivement. Et nous croirions réellement que nous ne l'avons jamais éprouvée si, par un mécanisme bien connu, elle ne venait d'elle-même se localiser dans le passé. Ce qui seul est *le même* dans les deux expériences, c'est l'état nerveux, condition de la seconde représentation comme de la première.

Cette thèse n'est pas seulement celle que soutient l'école psychophysiologique ; elle est admise explicitement par de nombreux psychologues qui croient à la réalité de la conscience et vont même jusqu'à voir dans la vie consciente la forme éminente du réel. Pour

Léon Dumont : « Quand nous ne pensons plus l'idée, elle n'existe plus même à l'état latent ; mais il y a seulement une de ses conditions qui reste permanente et qui sert à expliquer comment, avec le concours d'autres conditions, la même pensée peut se renouveler. » Un souvenir résulte « de la combinaison de deux éléments : 1° Une manière d'être de l'organisme ; 2° Un complément de force venant du dehors » (1). M. Rabier écrit presque dans les mêmes termes : « La condition de la réviviscence, c'est une excitation nouvelle qui, s'ajoutant aux conditions qui constituaient l'habitude, a pour effet de restaurer un état des centres nerveux (impression) semblable, quoique plus faible ordinairement, à celui qui a provoqué l'état de conscience primitif (2). » William James est plus formel encore : « Le phénomène de la rétention, dit-il, n'est absolument pas un fait de l'ordre mental *(it is not a fact of the mental order at all)*. C'est un pur phénomène physique, un état morphologique qui consiste dans la présence de certaines voies de conduction dans l'intimité des tissus cérébraux (3). » La représentation s'ajoute à la réexcitation de la région affectée, comme elle s'est ajoutée à l'excitation première : mais, dans l'intervalle, elle a complètement cessé d'exister. Nul n'insiste plus vivement que James sur la dualité des deux états et sur leur hétérogénéité. Il n'y a rien de commun entre eux, sauf que les traces laissées dans le

(1) De l'habitude, in *Revue philos.*, I, p. 350, 351.
(2) *Leçons de philosophie*, I, 164.
(3) *Principles of Psychology*, I, 655.

cerveau par l'expérience antérieure rendent la seconde plus facile et plus prompte (1). La conséquence, d'ailleurs, découle logiquement du principe même de l'explication.

Mais comment n'aperçoit-on pas qu'on revient ainsi à cette théorie de Maudsley que l'on avait d'abord rejetée, non sans dédain (2) ? Si, à chaque moment du temps, la vie psychique consiste exclusivement dans les états actuellement donnés à la conscience claire, il vaut autant dire qu'elle se réduit à rien. On sait, en effet, que le champ de regard de la conscience, comme dit Wundt, est de très peu d'étendue ; on en peut compter les éléments. Si donc ils sont les seuls facteurs psychiques de notre conduite, il convient d'avouer que celle-ci est tout entière placée sous la dépendance exclusive de causes physiques. Ce qui nous dirige, ce ne sont pas les quelques idées qui occupent présentement notre attention ; ce sont tous les résidus laissés par notre vie antérieure ; ce sont les habitudes contractées, les préjugés, les tendances qui nous meuvent sans que nous nous en rendions compte, c'est, en un mot, tout ce qui constitue notre caractère moral. Si donc rien de tout cela n'est mental, si le passé ne survit en nous que sous forme matérielle, c'est proprement l'organisme qui mène l'homme. Car ce que la conscience peut atteindre de ce passé dans un instant donné n'est rien à côté de ce qui en reste inaperçu et, d'un autre côté, les impressions entièrement neuves

(1) *Ibid.*, 656.
(2) *Ibid.*, 188-145.

sont une infime exception. Du reste, la sensation pure, dans la mesure où elle existe, est, de tous les phénomènes intellectuels, celui auquel le mot d'épiphénomène pourrait le moins improprement s'appliquer. Car il est clair qu'elle dépend étroitement de la disposition des organes, à moins qu'un autre phénomène mental n'intervienne et ne la modifie, et, dans ce cas, elle n'est plus sensation pure.

Mais allons plus loin ; voyons ce qui se passe dans la conscience actuelle. Pourra-t-on dire du moins que les quelques états qui l'occupent ont une nature spécifique, qu'ils sont soumis à des lois spéciales et que, si leur influence est faible à cause de leur infériorité numérique, elle ne laisse pas d'être originale ? Ce qui viendrait ainsi se superposer à l'action des forces vitales serait, sans doute, peu de chose ; cependant, ce serait quelque chose. Mais comment serait-ce possible ? La vie propre de ces états ne peut consister que dans la manière *sui generis* dont ils se groupent. Il faudrait qu'ils pussent s'appeler, s'associer d'après des affinités qui dérivassent de leurs caractères intrinsèques, et non des propriétés et des dispositions du système nerveux. Or si la mémoire est chose organique, ces associations elles-mêmes ne peuvent être qu'un simple reflet de connexions également organiques. Car si une représentation déterminée ne peut être évoquée que par l'intermédiaire de l'état physique antécédent, comme ce dernier lui-même ne peut être restauré que par une cause physique, les idées ne se lient que parce que les points correspondants de la masse cérébrale sont eux-mêmes liés, et matériellement. C'est d'ailleurs ce que déclarent expressément les partisans de la théorie. En déduisant ce corollaire de leur principe, nous sommes assuré de ne pas faire violence à leur pensée ; car nous ne leur prêtons rien qu'ils ne professent explicitement, comme la logique les y oblige. La loi psychologique de l'association, dit James, « n'est que le contrecoup dans l'esprit de ce fait tout psychique que des courants nerveux se propagent plus aisément à travers des voies de conduction qui ont été déjà parcourues » (1). Et M. Rabier : « Quand il s'agit d'une association, l'état suggestif (*a*) a sa condition dans une impression nerveuse (A) ; l'état suggéré (*b*) a sa condition dans une autre impression nerveuse (B). Cela posé, pour expliquer comment ces deux impressions et, par suite, ces deux états de conscience se succèdent, il n'y a plus qu'un pas à faire, bien facile en vérité, c'est d'admettre *que l'ébranlement nerveux s'est propagé de A en B* ; et cela parce que, une première fois, le mouvement ayant déjà suivi ce trajet, la même route lui est désormais plus facile (2). »

Mais si la liaison mentale n'est qu'un écho de la liaison physique et ne fait que la répéter, à quoi sert-elle ? Pourquoi le mouvement nerveux ne déterminerait-il pas immédiatement le mouvement musculaire, sans que ce fantôme de conscience vînt s'intercaler entre eux ? Reprendra-t-on les expressions que nous employions nous-même tout à l'heure et dira-t-on que cet écho a sa réalité, qu'une vibration moléculaire

(1) *Op. cit.*, I, 563.
(2) *Op. cit.*, I, 195.

accompagnée de conscience n'est pas identique à la même vibration sans conscience ; que, par conséquent, quelque chose de nouveau a surgi ? Mais les défenseurs de la conception épiphénoméniste ne tiennent pas un autre langage. Eux aussi savent bien que la cérébration inconsciente diffère de ce qu'ils appellent une cérébration consciente. Seulement, il s'agit de savoir si cette différence tient à la nature de la cérébration, à l'intensité plus grande de l'ébranlement nerveux par exemple, ou bien si elle est due principalement à l'addition de la conscience. Or pour que cette addition ne constituât pas une simple superfétation, une sorte de luxe incompréhensible, il faudrait que la conscience ainsi surajoutée eût une manière d'agir qui n'appartînt qu'à elle ; qu'elle fût susceptible de produire des effets qui, sans elle, n'auraient pas lieu. Mais si, comme on le suppose, les lois auxquelles elle est soumise ne sont qu'une transposition de celles qui régissent la matière nerveuse elles font double emploi avec ces dernières. On ne peut même pas supposer que la combinaison, tout en ne faisant que reproduire certains processus cérébraux, donne néanmoins naissance à quelque état nouveau, doué d'une autonomie relative, et qui ne soit pas un pur succédané de quelque phénomène organique. Car, d'après l'hypothèse, un état ne peut durer si ce qu'il a d'essentiel ne tient pas tout entier dans une certaine polarisation des cellules cérébrales. Or qu'est-ce qu'un état de conscience sans durée ?

D'une manière générale, si la représentation n'existe qu'autant que l'élément nerveux qui la supporte se trouve dans des conditions d'intensité et de qualité déterminées, si elle disparaît dès que ces conditions ne sont pas réalisées au même degré, elle n'est rien par elle-même ; elle n'a pas d'autre réalité que celle qu'elle détient de son substrat. C'est, comme l'ont dit Maudsley et son école, une ombre portée dont il ne reste plus rien quand l'objet dont elle reproduit vaguement les contours n'est plus là. D'où l'on devrait conclure qu'il n'y a pas de vie qui soit proprement physique ni, par conséquent, de matière à une psychologie propre. Car, dans ces conditions, si l'on veut comprendre les phénomènes mentaux, la manière dont ils se produisent, se reproduisent et se modifient, ce n'est pas eux qu'il faut considérer et analyser ; ce sont les phénomènes anatomiques dont ils ne sont que l'image plus ou moins fidèle. On ne peut même pas dire qu'ils réagissent les uns sur les autres et se modifient mutuellement, puisque leurs relations ne sont qu'une mise en scène apparente. Quand on dit d'images aperçues dans un miroir qu'elles s'attirent, se repoussent, se succèdent, etc., on sait bien que ces expressions sont métaphoriques ; elles ne sont vraies à la lettre que des corps qui produisent ces mouvements. En fait, on attribue si peu de valeur à ces manifestations qu'on n'éprouve même pas le besoin de se demander ce qu'elles deviennent et comment il se fait qu'elles périssent. On trouve tout naturel qu'une idée qui, tout à l'heure, occupait notre conscience, puisse devenir néant un instant après ; pour qu'elle puisse s'annihiler aussi facilement il faut évidemment qu'elle n'ait jamais eu qu'un semblant d'existence.

Si donc la mémoire est exclusivement une propriété

des tissus, la vie mentale n'est rien, car elle n'est rien en dehors de la mémoire. Non que notre activité intellectuelle consiste exclusivement à reproduire sans changements les états de conscience antérieurement éprouvés. Mais pour qu'ils puissent être soumis à une élaboration vraiment intellectuelle, différente, par conséquent, de celles qu'impliquent les seules lois de la matière vivante, encore faut-il qu'ils aient une existence relativement indépendante de leur substrat matériel. Sinon, ils se grouperont, comme ils naissent et comme ils renaissent, d'après des affinités purement physiques. Parfois, il est vrai, on croit échapper à ce nihilisme intellectuel en imaginant une substance ou je ne sais quelle forme supérieure aux déterminations phénoménales ; on parle vaguement d'une pensée, distincte des matériaux que le cerveau lui fournit et qu'elle élaborerait par des procédés *sui generis*. Mais qu'est-ce qu'une pensée qui ne serait pas un système et une suite de pensées particulières, sinon une abstraction réalisée ? La science n'a pas à connaître des substances ni des formes pures, qu'il y en ait ou non. Pour le psychologue, la vie représentative n'est rien autre chose qu'un ensemble de représentations. Si donc les représentations de tout ordre meurent aussitôt qu'elles sont nées, de quoi l'esprit peut-il être fait ? Il faut choisir : ou bien l'épiphénoménisme est le vrai, ou bien il y a une mémoire proprement mentale. Or, nous avons vu ce qu'a d'insoutenable la première solution. Par conséquent, la seconde s'impose à quiconque veut rester d'accord avec soi-même.

II

Mais elle s'impose aussi pour une autre raison.

Nous venons de faire voir que, si la mémoire est exclusivement une propriété de la substance nerveuse, les idées ne peuvent pas s'évoquer mutuellement ; l'ordre dans lequel elles revicnnent à l'esprit ne peut que reproduire l'ordre dans lequel leurs antécédents physiques sont réexcités, et cette réexcitation elle-même ne peut être due qu'à des causes purement physiques. Cette proposition est si bien impliquée dans les prémisses du système qu'elle est formellement admise par tous ceux qui le professent. Or, non seulement elle aboutit, comme nous le montrions tout à l'heure, à faire de la vie psychique une apparence sans réalité, mais elle est directement contredite par les faits. Il y a des cas — et ce sont les plus importants — où la manière dont les idées s'évoquent ne paraît pas pouvoir s'expliquer ainsi. Sans doute, on peut bien imaginer que deux idées ne puissent se produire simultanément dans la conscience ou se suivre immédiatement, sans que les points de l'encéphale qui leur servent de substrats aient été mis en communication matérielle. Par suite, il n'y a rien d'impossible *a priori* à ce que toute excitation nouvelle de l'un, suivant la ligne de la moindre résistance, s'étende à l'autre et détermine ainsi la réapparition de son conséquent psychique. Mais il n'y a pas de connexions organiques connues qui puissent faire comprendre comment deux idées semblables peuvent s'appeler l'une l'autre par le seul fait de leur ressemblance. Rien de ce que nous savons sur le mécanisme cérébral ne nous permet de concevoir comment une vibration qui se produit en *A* pourrait avoir une tendance à se propager en *B* par cela seul qu'entre les représentations *a* et *b* il existe quelque similitude. C'est pourquoi toute psychologie qui voit dans la mémoire un fait purement biologique, ne peut expliquer les associations par ressemblance qu'en les ramenant aux associations par contiguïté, c'est-à-dire en leur déniant toute réalité.

Cette réduction a été tentée (1). Si, dit-on, deux états se ressemblent, c'est qu'ils ont au moins une partie commune. Celle-ci, se répétant identiquement dans les deux expériences, a, dans les deux cas, le même élément nerveux pour support. Cet élément se trouve ainsi en relations avec les deux groupes différents de cellules auxquels correspondent les parties différentes de ces deux représentations, puisqu'il a concouru avec les unes comme avec les autres. Par suite, il sert de lien entre elles et voilà comment les idées elles-mêmes se lient. Par exemple, je vois une feuille de papier blanc ; l'idée que j'en ai comprend une certaine image de blancheur. Qu'une cause quelconque vienne à exciter particulièrement la cellule qui, en vibrant, a produit cette sensation colorée, et un courant nerveux y prendra naissance qui rayonnera tout autour, mais en suivant de préférence les voies qu'il trouve toutes frayées. C'est dire qu'il se portera sur les autres points qui ont été déjà en communication avec le premier. Mais ceux qui satisfont à cette condition sont aussi

(1) Voir James, *op. cit.*, I, 690.

ceux qui ont suscité des représentations semblables, en un point, à la première. C'est ainsi que la blancheur du papier me fera penser à celle de la neige. Deux idées qui se ressemblent se trouveront donc associées quoique l'association soit le produit, non de la ressemblance à proprement parler, mais d'une contiguïté purement matérielle.

Mais cette explication repose sur une série de postulats arbitraires. Tout d'abord, on n'est pas fondé à regarder ainsi les représentations comme formées d'éléments définis, sorte d'atomes qui pourraient entrer, tout en restant identiques à eux-mêmes, dans la contexture des représentations les plus diverses. Nos états mentaux ne sont pas ainsi faits de pièces et de morceaux qu'ils s'emprunteraient mutuellement, selon les occasions. La blancheur de ce papier et celle de la neige ne sont pas les mêmes et nous sont données dans des représentations différentes. Dira-t-on qu'elles se confondent en ce que la sensation de la blancheur en général se retrouve en toutes les deux ? Il faudrait alors admettre que l'idée de la blancheur en général constitue une sorte d'entité distincte qui, en se groupant avec des entités différentes, donnerait naissance à telle sensation déterminée de blancheur. Or il n'est pas un seul fait qui puisse justifier une telle hypothèse. Tout prouve, au contraire — et il est curieux que James ait contribué plus que personne à démontrer cette proposition — tout prouve que la vie psychique est un cours continu de représentations, qu'on ne peut jamais dire où l'une commence et où l'autre finit. Elles se pénètrent mutuellcment. Sans doute, l'esprit parvient peu à peu à y distinguer des parties. Mais ces distinctions sont notre œuvre ; c'est nous qui les introduisons dans le *continuum* psychique, bien loin de les y trouver. C'est l'abstraction qui nous permet d'analyser ainsi ce qui nous est donné dans un état de complexité indivise. Or, d'après l'hypothèse que nous discutons, c'est le cerveau, au contraire, qui devrait effectuer de lui-même toutes ces analyses, puisque toutes ces divisions auraient une base anatomique. On sait, d'ailleurs, avec quelle peine nous parvenons à donner aux produits de l'abstraction une sorte de fixité et d'individualité toujours très précaire, grâce à l'artifice du mot. Tant il s'en faut que cette dissociation soit conforme à la nature originelle des choses !

Mais la conception physiologique, qui est à la base de la théorie, est encore plus insoutenable. Concédons que les idées soient ainsi décomposables. Il faudra, de plus, admettre qu'à chacune des parties dont elles sont ainsi composées corresponde un élément nerveux déterminé. Il y aurait donc une partie de la masse cérébrale qui serait le siège des sensations de rouge, une autre des sensations de vert, etc. Ce n'est même pas assez dire. Il faudrait un substrat spécial pour chaque nuance de vert, de rouge, etc., car, d'après l'hypothèse, deux couleurs de même nuance ne peuvent s'évoquer mutuellement que si les points par où elles se ressemblent correspondent à un seul et même état organique, puisque toute similitude psychique implique une coïncidence spatiale. Or une telle géographie cérébrale tient du roman plus que de la science. Sans doute, nous savons que certaines fonctions intellectuelles sont plus étroitement liées à telles régions qu'à telles autres ; encore ces localisations n'ont-elles rien de précis ni de rigoureux, comme le prouve le fait des substitutions. Aller plus loin, supposer que chaque représentation réside dans une cellule déterminée est déjà un postulat gratuit et dont la suite de cette étude démontrera même l'impossibilité. Que dire alors de l'hypothèse d'après laquelle les éléments ultimes de la représentation (à supposer qu'il y en eût et que le mot exprimât une réalité) seraient eux-mêmes non moins étroitement localisés ? Ainsi, la représentation de la feuille sur laquelle j'écris serait littéralement dispersée dans tous les coins du cerveau ! Non seulement il y aurait d'un côté l'impression de la couleur, ailleurs celle de la forme, ailleurs encore celle de la résistance, mais encore l'idée de la couleur en général siégerait ici, là résideraient les attributs distinctifs de telle nuance particulière, ailleurs les caractères spéciaux que prend cette nuance dans le cas présent et individuel que j'ai sous les yeux, etc. Comment ne voit-on pas, en dehors de toute autre considération, que, si la vie mentale est à ce point divisée, si elle est formée d'une telle poussière d'éléments organiques, l'unité et la continuité qu'elle présente deviennent incompréhensibles ?

On pourrait demander aussi comment, si la ressemblance de deux représentations est due à la présence d'un seul et même élément dans l'une et dans l'autre, cet élément unique pourrait apparaître double. Si nous avons une image ABCD et une autre AEFG évoquée par la première, si, par conséquent, le processus total peut être figuré par le schéma (BCD) A (EFG), comment pouvons-nous apercevoir deux A ? On répondra que cette distinction se fait grâce aux éléments différentiels qui sont donnés en même temps : comme A est engagé à la fois dans le système BCD et dans le système EFG et que ces deux systèmes sont distincts l'un et l'autre, la logique, dit-on, nous oblige à admettre que A est double. Mais si l'on peut bien expliquer ainsi pourquoi nous devons *postuler* cette dualité, on ne nous fait pas, pour cela, comprendre comment, en fait, nous la *percevons*. De ce qu'il peut être raisonnable de conjecturer qu'une même image se rapporte à deux ensembles de circonstances différentes, il ne suit pas que nous *la voyons dédoublée*. A l'instant actuel, je me représente simultanément, d'une part, cette feuille de papier blanc, de l'autre, de la neige répandue sur le sol. C'est donc qu'il y a dans mon esprit deux représentations de blancheur et non pas une seule. C'est qu'en effet on simplifie artificiellement les choses quand on réduit la similitude à n'être qu'une identité partielle. Deux idées semblables sont distinctes même par les points où elles sont superposables. Les éléments que l'on dit être communs à l'une et à l'autre sont séparément et dans l'une et dans l'autre ; nous ne les confondons pas tout en les comparant. C'est la relation *sui generis* qui s'établit entre eux, la combinaison spéciale qu'ils forment en vertu de cette ressemblance, les caractères particuliers de cette combinaison, qui nous donnent l'impression de la similitude. Mais combinaison suppose pluralité.

On ne peut donc ramener la ressemblance à la contiguïté sans méconnaître la nature de la ressemblance et sans faire des hypothèses, à la fois physiologiques et psychologiques, que rien ne justifie : d'où il résulte que la mémoire n'est pas un fait purement physique, que les représentations comme telles, sont susceptibles de conserver. En effet si elles s'évanouissaient totalement dès qu'elles sont sorties de la conscience actuelle, si elles ne survivaient que sous la forme d'une trace organique, les similitudes qu'elles peuvent avoir avec une idée actuelle ne sauraient les tirer du néant ; car il ne peut y avoir aucune relation de similarité, directe ou indirecte, entre cette trace dont on admet la survivance et l'état psychique présentement donné. Si, au moment où je vois cette feuille, il ne reste plus rien, dans mon esprit, de la neige que j'ai vue précédemment, la première image ne peut agir sur la seconde ni celle-ci sur celle-là, l'une ne peut donc évoquer l'autre par cela seul qu'elle lui ressemble. Mais le phénomène n'a plus rien d'inintelligible s'il existe une mémoire mentale, si les représentations passées persistent en qualité de représentations, si le ressouvenir, enfin, consiste, non dans une création nouvelle et originale, mais seulement dans une nouvelle émergence à la clarté de la conscience. Si notre vie psychique ne s'anéantit pas à mesure qu'elle s'écoule, il n'y a pas de solution de continuité entre nos états antérieurs et nos états actuels ; il n'y a donc rien d'impossible à ce qu'ils agissent les uns sur les autres et à ce que le résultat de cette action mutuelle puisse, dans de certaines conditions, relever assez l'intensité des premiers pour qu'ils deviennent de nouveau conscients.

On objecte, il est vrai, que la ressemblance ne peut expliquer comment les idées s'associent, parce qu'elle ne peut apparaître que si les idées sont déjà associées. Si elle est connue, dit-on, c'est que le rapprochement est fait ; elle ne peut donc en être la cause. Mais l'argument confond à tort la ressemblance et la perception de la ressemblance. Deux représentations peuvent être semblables, comme les choses qu'elles expriment, sans que nous le sachions. Les principales découvertes de la science consistent précisément à apercevoir des analogies ignorées entre des idées connues de tout le monde. Or pourquoi cette ressemblance non aperçue ne produirait-elle pas des effets qui serviraient précisément à la caractériser et à la faire apercevoir ? Les images, les idées agissent les unes sur les autres, et ces actions et ces réactions doivent nécessairement varier avec la nature des représentations ; notamment elles doivent changer selon que les représentations qui sont ainsi mises en rapports se ressemblent ou diffèrent ou contrastent. Il n'y a aucune raison pour que la ressemblance ne développe pas une propriété *sui generis* en vertu de laquelle deux états, séparés par un intervalle de temps, seraient déterminés à se rapprocher. Pour en admettre la réalité, il n'est pas du tout nécessaire d'imaginer que les représentations sont des choses en soi ; il suffit d'accorder qu'elles ne sont pas des néants, qu'elles sont des phénomènes, mais réels, doués de propriétés spécifiques et qui se comportent de façons différentes les uns avec les autres, suivant qu'ils ont, ou non, des propriétés communes. On pourrait trouver dans les sciences de la nature nombre de faits où la ressemblance agit de cette façon. Quand des corps de densité différente sont mêlés ensemble, ceux qui ont une densité semblable tendent à se grouper ensemble et à se distinguer des autres. Chez les vivants les éléments semblables ont une telle affinité les uns pour les autres qu'ils finissent par se perdre les uns dans les autres et par devenir indistincts. Sans doute il est permis de croire que ces phénomènes d'attraction et de coalescence s'expliquent par des raisons mécaniques et non par un attrait mystérieux que le semblable aurait pour le semblable. Mais pourquoi le groupement des représentations similaires dans l'esprit ne s'expliquerait-il pas d'une manière analogue ? Pourquoi n'y aurait-il pas un mécanisme mental (mais non exclusivement physique) qui rendrait compte de ces associations sans faire intervenir aucune vertu occulte ni aucune entité scolastique ?

Peut-être même n'est-il pas impossible d'apercevoir dès maintenant, au moins en gros, dans quel sens pourrait être cherchée cette explication. Une représentation ne se produit pas sans agir sur le corps et sur l'esprit. Déjà, pour naître, elle suppose certains mouvements. Pour voir une maison qui est actuellement sous mes yeux, il me faut contracter d'une certaine manière les muscles de l'œil, donner à la tête une certaine inclinaison selon la hauteur, les dimensions de l'édifice : de plus, la sensation, une fois qu'elle existe, détermine à son tour des mouvements. Or, si elle a déjà eu lieu une première fois, c'est-à-dire si la même maison a été vue précédemment, les mêmes mouvements ont été exécutés à cette occasion. Ce sont les mêmes muscles qui ont été mus et de la même manière, au moins en partie, c'est-à-dire dans la mesure où les conditions objectives et subjectives de l'expérience se répètent identiquement. Il existe donc, dès à présent, un rapport de connexité entre l'image de cette maison telle que la conserve ma mémoire, et certains mouvements ; et puisque ces mouvements sont les mêmes qui accompagnent la sensation actuelle de ce même objet, par eux un lien se trouve établi entre ma perception présente et ma perception passée. Suscités par la première, ils suscitent à nouveau la seconde, la réveillent ; car c'est un fait connu qu'en imprimant au corps une attitude déterminée on provoque les idées ou émotions correspondantes.

Toutefois, ce premier facteur ne saurait être le plus important. Si réel que soit le rapport entre les idées et les mouvements, il n'a rien de très précis. Un même système de mouvements peut servir à réaliser des idées très différentes sans se modifier dans la même proportion ; aussi les impressions qu'il réveille sont-elles toujours très générales. En donnant aux membres la position convenable, on peut suggérer à un sujet l'idée de la prière, non de telle prière. De plus, s'il est vrai que tout état de conscience est enveloppé de mouvements, il faut ajouter que plus la représentation s'éloigne de la sensation pure, plus aussi l'élément moteur perd d'importance et de signification positive. Les fonctions intellectuelles supérieures supposent surtout des inhibitions de mouvements, comme le prouvent et le rôle capital qu'y joue l'attention et la nature même de l'attention qui consiste essentiellement dans une suspension, aussi complète que possible, de l'activité physique. Or une simple négation de la motilité ne saurait servir à caractériser l'infinie diversité des phénomènes d'idéation. L'effort que nous faisons pour nous retenir d'agir n'est pas plus lié à ce concept qu'à cet autre, si le second nous a demandé le même effort d'attention que le premier. Mais le lien entre le présent et le passé peut aussi s'établir à l'aide d'intermédiaires purement intellectuels. En effet, toute représentation, au moment où elle se produit, affecte, outre les organes, l'esprit lui-même, c'est-à-dire les représentations présentes et passées qui le constituent, si du moins on admet avec nous que les représentations passées subsistent en nous. Le tableau que je vois en ce moment agit d'une manière déterminée sur telle de mes manières de voir, telle de mes aspirations, tel de mes désirs ; la perception que j'en ai se trouve donc être solidaire de ces divers éléments mentaux. Que maintenant elle me soit présentée à nouveau, elle agira de la même façon sur ces mêmes éléments qui durent toujours, sauf les modifications que le temps peut leur avoir fait subir. Elle les excitera donc comme la première fois et, par leur canal, cette excitation se communiquera à la représentation antérieure avec laquelle ils sont d'ores et déjà en rapport et qui sera ainsi revivifiée. Car, à moins qu'on ne refuse aux états psychiques toute efficacité, on ne voit pas pourquoi eux aussi n'auraient pas la propriété de transmettre la vie qui est en eux aux autres états avec lesquels ils sont en relations, aussi bien qu'une cellule peut transmettre son mouvement aux cellules voisines. Ces phénomènes de transfert sont même d'autant plus faciles à concevoir en ce qui concerne la vie représentative qu'elle n'est pas formée d'atomes, séparés les uns des autres ; c'est un tout continu dont toutes les parties se pénètrent les unes les autres. Nous ne soumettons du reste au lecteur cette ébauche d'explication qu'à titre d'indication. Notre but est surtout de montrer qu'il n'y a aucune impossibilité à ce que la ressemblance, par elle-même, soit une cause d'associations. Car, comme on a souvent argué de cette impossibilité prétendue pour réduire la similarité à la contiguïté et la mémoire mentale à la mémoire physique, il importait de faire entrevoir que la difficulté n'a rien d'insoluble.

III

Ainsi, non seulement le seul moyen d'échapper à la psychologie épiphénoméniste est d'admettre que les représentations sont susceptibles de persister en qualité de représentations, mais l'existence d'associations d'idées par ressemblance démontre directement cette persistance.

Mais on objecte que ces difficultés ne sont évitées qu'au prix d'une autre qui n'est pas moindre. En effet, dit-on, les représentations ne peuvent se conserver comme telles qu'en dehors de la conscience ; car nous n'avons aucun sentiment de toutes les idées, sensations, etc., que nous pouvons avoir éprouvées dans notre vie passée et dont nous sommes susceptibles de nous souvenir dans l'avenir. Or on pose en principe que la représentation ne peut se définir que par la conscience ; d'où l'on conclut qu'une représentation inconsciente est inconvenable, que la notion même en est contradictoire.

Mais de quel droit limite-t-on ainsi la vie psychique ? Sans doute, s'il ne s'agit que d'une définition de mot, elle est légitime par cela même qu'elle est arbitraire ; seulement, on n'en peut rien conclure. De ce qu'on convient d'appeler psychologiques les seuls états conscients, il ne suit pas qu'il n'y ait plus que des phénomènes organiques ou physico-chimiques là où il n'y a plus de conscience. C'est une question de fait que l'observation peut seule trancher. Veut-on dire que si l'on retire la conscience de la représentation, ce qui reste n'est pas représentable à l'imagination ? Mais, à ce compte, il y a des milliers de faits authentiques qui pourraient être également niés. Nous ne savons pas ce que c'est qu'un milieu matériel impondérable et nous ne pouvons nous en faire aucune idée ; pourtant, l'hypothèse en est nécessaire pour rendre compte de la transmission des ondes lumineuses. Que des faits bien établis viennent démontrer que la pensée peut se transférer à distance, la difficulté que nous pouvons avoir à nous représenter un phénomène aussi déconcertant ne sera pas une raison suffisante pour qu'on en puisse contester la réalité, et il nous faudra bien admettre des ondes de pensée dont la notion dépasse ou même contredit toutes nos connaissances actuelles. Avant que l'existence de rayons lumineux obscurs, pénétrant des corps opaques, ait été démontrée, on eût facilement prouvé qu'ils étaient inconciliables avec la nature de la lumière. On pourrait aisément multiplier les exemples. Ainsi, alors même qu'un phénomène n'est pas clairement représentable à l'esprit, on n'est cependant pas en droit de le nier, s'il se manifeste par des effets définis qui, eux, sont représentables et qui lui servent de signes. On le pense alors, non en lui-même, mais en fonction de ces effets qui le caractérisent. Même il n'est pas de science qui ne soit obligée de prendre ce détour pour atteindre les choses dont elle traite. Elle va du dehors au dedans, des manifestations extérieures et immédiatement sensibles aux caractères internes que ces manifestations décèlent. Un courant nerveux, un rayon lumineux est d'abord un je ne sais quoi dont on reconnaît la présence à tel ou tel de ses effets, et c'est justement la tâche de la science de déterminer progressivement le contenu de cette notion initiale. Si donc il nous est donné de constater que certains phénomènes ne peuvent être causés que par des représentations, c'est-à-dire s'ils constituent les signes extérieurs de la vie représentative, et si, d'autre part, les représentations qui se révèlent ainsi sont ignorées du sujet en qui elles se produisent, nous dirons qu'il peut y avoir des états psychiques sans conscience, quelque peine que l'imagination puisse avoir à se les figurer.

Or, les faits de ce genre sont innombrables, si, du moins, on entend par conscience l'appréhension d'un état donné par un sujet donné. Il se passe, en effet, chez chacun de nous, une multitude de phénomènes qui sont psychiques sans être appréhendés. Nous disons qu'ils sont psychiques, parce qu'ils se traduisent au dehors par les indices caractéristiques de l'activité mentale, à savoir par les hésitations, les tâtonnements, l'appropriation des mouvements à une fin préconçue. Si, quand un acte a lieu en vue d'un but, nous ne sommes pas assurés qu'il est intelligent, on se demande par quoi l'intelligence peut se distinguer de ce qui n'est pas elle. Or les expériences connues de M. Pierre Janet ont prouvé que bien des actes présentent tous ces signes sans que, pourtant, ils soient conscients. Par exemple, un sujet, qui vient de se refuser à exécuter un ordre, s'y conforme docilement si l'on a soin de détourner son attention au moment où les paroles impératives sont prononcées. C'est évidemment un ensemble de représentations qui lui dicte son attitude ; car l'ordre ne peut produire son effet que s'il a été entendu et compris. Pourtant le patient ne se doute pas de ce qui s'est passé ; il ne sait même pas qu'il a obéi ; et si, au moment où il est en train d'effectuer le geste commandé, on le lui fait remarquer, c'est pour lui la plus surprenante des découvertes (1). De même, quand on prescrit à un hypnotisé de ne pas voir telle personne ou tel objet qui est sous ses yeux, la défense ne peut agir que si elle est représentée à l'esprit. Cependant, la conscience n'en est aucunement avertie. On a cité également des cas de numération inconsciente, des calculs assez complexes, faits par un

(1) Voir *L'Automatisme psychologique*, p. 237 et suiv.

individu qui n'en a pas le moindre sentiment (1). Ces expériences, qu'on a variées de toutes les manières, ont été faites, il est vrai, sur des états anormaux ; mais elles ne font que reproduire sous une forme amplifiée ce qui se passe normalement en nous. Nos jugements sont à chaque instant tronqués, dénaturés par des jugements inconscients ; nous ne voyons que ce que nos préjugés nous permettent de voir et nous ignorons nos préjugés. D'autre part, nous sommes toujours dans un certain état de distraction, puisque l'attention, en concentrant l'esprit sur un petit nombre d'objets, le détourne d'un plus grand nombre d'autres ; or toute distraction a pour effet de tenir hors de la conscience des états psychiques qui ne laissent pas d'être réels, puisqu'ils agissent. Que de fois même il y a un véritable contraste entre l'état véritablement éprouvé et la manière dont il apparaît à la conscience ! Nous croyons haïr quelqu'un alors que nous l'aimons et la réalité de cet amour se manifeste par des actes dont la signification n'est pas douteuse pour des tiers, au moment même où nous nous croyons sous l'influence du sentiment opposé (2).

(1) *Ibid.*, p. 225.

(2) Suivant James, il n'y aurait là aucune preuve d'une réelle inconscience. Quand je prends pour de la haine ou de l'indifférence de l'amour qui m'entraîne, je ne ferais que mal nommer un état dont je suis pleinement conscient. Nous avouons ne pas comprendre. Si je nomme mal l'état, c'est que la conscience que j'en ai est elle-même erronée ; c'est qu'elle n'exprime pas tous les caractères de cet état. Pourtant, ces caractères qui ne sont pas conscients agissent. Ils sont donc d'une manière

D'ailleurs, si tout ce qui est psychique était conscient et si tout ce qui est inconscient était psychologique, la psychologie devrait en revenir à la vieille méthode introspective. Car, si la réalité des états mentaux se confond avec la conscience que nous en avons, la conscience suffit pour connaître cette réalité tout entière puisqu'elle ne fait qu'un avec elle et il n'est pas besoin de recourir aux procédés compliqués et détournés qui sont aujourd'hui en usage. Nous n'en sommes plus, en effet, à regarder les lois des phénomènes comme supérieures aux phénomènes et les déterminant du dehors ; elles leur sont immanentes, elles ne sont que leurs manières d'être. Si donc les faits psychiques ne sont qu'autant qu'ils sont connus de nous et ne sont que de la manière dont ils sont connus de nous (ce qui est tout un), leurs lois sont données du même coup. Pour les connaître, il n'y aurait qu'à regarder. Quant aux facteurs de la vie mentale qui, étant inconscients, ne peuvent être connus par cette voie, ce n'est pas à la psychologie qu'ils ressortiraient, mais à la physiologie. Nous n'avons pas besoin d'exposer les raisons pour lesquelles cette psychologie facile n'est plus soutenable ; il est certain que le monde intérieur est encore, en grande partie, inexploré, que des

inconscients. Mon sentiment a les traits constitutifs de l'amour puisqu'il détermine en conséquence ma conduite ; or, je ne les aperçois pas, si bien que ma passion m'incline dans un sens, et la conscience que j'ai de ma passion, dans un autre. Les deux phénomènes ne se recouvrent donc pas. Cependant, il paraît bien difficile de voir dans une inclination comme l'amour autre chose qu'un phénomène psychique (voir James, I, p. 174).

découvertes s'y font tous les jours, que bien d'autres y restent à faire et que, par conséquent, il ne suffit pas d'un peu d'attention pour en prendre connaissance. En vain on répond que ces représentations, qui passent pour inconscientes, sont seulement aperçues d'une manière incomplète et confuse. Car cette confusion ne peut tenir qu'à une cause, c'est que nous n'apercevons pas tout ce que ces représentations renferment ; c'est qu'il s'y trouve des éléments, *réels et agissants*, qui, par conséquent, ne sont pas des faits purement physiques, et qui, pourtant, ne sont pas connus du sens intime. La conscience obscure dont on parle n'est qu'une inconscience partielle ; ce qui revient à reconnaître que les limites de la conscience ne sont pas celles de l'activité psychique.

Pour éviter ce mot d'inconscience et les difficultés qu'éprouve l'esprit à concevoir la chose qu'il exprime, on préférera peut-être rattacher ces phénomènes inconscients à des centres de conscience secondaires, épars dans l'organisme et ignorés du centre principal, quoique normalement subordonnés à lui ; ou même on admettra qu'il peut y avoir conscience sans moi, sans appréhension de l'état psychique par un sujet donné. Nous n'avons pas, pour l'instant, à discuter ces hypothèses, très plausibles d'ailleurs (1) mais qui laissent

(1) Au fond la notion d'une représentation inconsciente et celle d'une conscience sans moi qui appréhende sont équivalentes. Car quand nous disons qu'un fait psychique est inconscient, nous entendons seulement qu'il n'est pas appréhendé. Toute la question est de savoir quelle expression il vaut le mieux employer. Au point de vue de l'imagination, l'une et l'autre ont le même

intacte la proposition que nous voulons établir. Tout ce que nous entendons dire, en effet, c'est que des phénomènes se passent en nous, qui sont d'ordre psychique et pourtant, ne sont pas connus du moi que nous sommes. Quant à savoir s'ils sont perçus par des moi inconnus ou ce qu'ils peuvent être au dehors de toute appréhension, cela ne nous importe pas. Qu'on nous concède seulement que la vie représentative s'étend au delà de notre conscience actuelle, et la conception d'une mémoire psychologique devient intelligible. Or tout ce que nous nous proposons de faire voir ici, c'est que cette mémoire existe, sans que nous ayons à choisir entre toutes les manières possibles de la concevoir.

V

Nous sommes maintenant en état de conclure.

Si les représentations, une fois qu'elles existent, continuent à être par elles-mêmes sans que leur existence dépende perpétuellement de l'état des centres nerveux, si elles sont susceptibles d'agir directement les unes sur les autres, de se combiner d'après des lois qui leur sont propres, c'est donc qu'elles sont des réalités qui, tout en soutenant avec leur substrat d'intimes rapports, en sont pourtant indépendantes dans une certaine mesure. Assurément leur autonomie ne peut être que relative, il n'est pas de règne dans la

inconvénient. Il ne nous est pas plus facile d'imaginer une représentation sans sujet qui se représente, qu'une représentation sans conscience.

nature qui ne tienne aux autres règnes ; rien donc ne serait plus absurde que d'ériger la vie psychique en une sorte d'absolu qui ne viendrait de nulle part et qui ne se rattacherait pas au reste de l'univers. Il est bien évident que l'état du cerveau affecte tous les phénomènes intellectuels et qu'il est facteur immédiat de certains d'entre eux (sensations pures). Mais, d'un autre côté, il résulte de ce qui précède que la vie représentative n'est pas inhérente à la nature intrinsèque de la matière nerveuse, puisqu'elle subsiste en partie par ses propres forces et qu'elle a des manières d'être qui lui sont spéciales. La représentation n'est pas un simple aspect de l'état où se trouve l'élément nerveux au moment où elle a lieu, puisqu'elle se maintient alors que cet état n'est plus et puisque les rapports des représentations sont d'une autre nature que ceux des éléments nerveux sous-jacents. Elle est quelque chose de nouveau, que certains caractères de la cellule contribuent certainement à produire, mais ne suffisent pas à constituer puisqu'elle leur survit et qu'elle manifeste des propriétés différentes. Mais dire que l'état psychique ne dérive pas directement de la cellule, c'est dire qu'il n'y est pas inclus, qu'il se forme, en partie, en dehors d'elle et que, dans la même mesure, il lui est extérieur. S'il était par elle, il serait en elle puisque sa réalité ne lui viendrait pas d'autre part.

Or, quand nous avons dit ailleurs que les faits sociaux sont, en un sens, indépendants des individus et extérieurs aux consciences individuelles, nous n'avons fait qu'affirmer du règne social ce que nous venons d'établir à propos du règne psychique. La société a pour substrat l'ensemble des individus associés. Le système qu'ils forment en s'unissant et qui varie suivant leur disposition sur la surface du territoire, la nature et le nombre des voies de communication, constitue la base sur laquelle s'élève la vie sociale. Les représentations qui en sont la trame se dégagent des relations qui s'établissent entre les individus ainsi combinés ou entre les groupes secondaires qui s'intercalent entre l'individu et la société totale. Or si l'on ne voit rien d'extraordinaire à ce que les représentations individuelles, produites par les actions et les réactions échangées entre les éléments nerveux, ne soient pas inhérentes à ces éléments, qu'y a-t-il de surprenant à ce que les représentations collectives, produites par les actions et les réactions échangées entre les consciences élémentaires dont est faite la société, ne dérivent pas directement de ces dernières et, par suite, les débordent ? Le rapport qui, dans la conception, unit le substrat social à la vie sociale est de tous points analogue à celui qu'on doit admettre entre le substrat physiologique et la vie psychique des individus, si l'on ne veut pas nier toute psychologie proprement dite. Les mêmes conséquences doivent donc se produire de part et d'autre. L'indépendance, l'extériorité relative des faits sociaux par rapport aux individus est même plus immédiatement apparente que celle des faits mentaux par rapport aux cellules cérébrales ; car les premiers ou, du moins, les plus importants d'entre eux, portent, d'une manière visible, la marque de leur origine. En effet, si l'on peut contester peut-être que tous les phénomènes sociaux, sans exception, s'imposent à l'individu du dehors, le doute ne paraît pas possible pour ce qui concerne les croyances et les pratiques religieuses, les règles de la morale, les innombrables préceptes du droit, c'est-à-dire pour les manifestations les plus caractéristiques de la vie collective. Toutes sont expressément obligatoires ; or l'obligation est la preuve que ces manières d'agir et de penser ne sont pas l'œuvre de l'individu, mais émanent d'une puissance morale qui le dépasse, qu'on l'imagine mystiquement sous la forme d'un Dieu ou qu'on s'en fasse une conception plus temporelle et plus scientifique (1). La même loi se retrouve donc dans les deux règnes.

Elle s'explique, d'ailleurs, de la même manière dans les deux cas. Si l'on peut dire, à certains égards, que les représentations collectives sont extérieures aux consciences individuelles, c'est qu'elles ne dé-

(1) Et si le caractère d'obligation et de contrainte est si essentiel à ces faits, si éminemment sociaux, combien il est vraisemblable, avant tout examen, qu'il se retrouve également, quoique moins visible, dans les autres phénomènes sociologiques ! Car il n'est pas possible que les phénomènes de même nature diffèrent à ce point que les uns pénètrent l'individu du dehors et que les autres résultent d'un *processus* opposé.

A ce sujet, rectifions une interprétation inexacte qui a été donnée de notre pensée. Quand nous avons dit de l'obligation ou de la contrainte qu'elle était la caractéristique des faits sociaux, nous n'avons aucunement songé à donner ainsi une explication sommaire de ces derniers ; nous avons voulu seulement indiquer un signe commode auquel le sociologue peut reconnaître les faits qui ressortissent à sa science.

rivent pas des individus pris isolément, mais de leur concours ; ce qui est bien différent. Sans doute dans l'élaboration du résultat commun, chacun apporte sa quote part ; mais les sentiments privés ne deviennent sociaux qu'en se combinant sous l'action des forces *sui generis* que développe l'association ; par suite de ces combinaisons et des altérations mutuelles qui en résultent, *ils deviennent autre chose.* Une synthèse chimique se produit qui concentre, unifie les éléments synthétisés et, par cela même, les transforme. Puisque cette synthèse est l'œuvre du tout, c'est le tout qu'elle a pour théâtre. La résultante qui s'en dégage déborde donc chaque esprit individuel, comme le tout déborde la partie. Elle est dans l'ensemble, de même qu'elle est par l'ensemble. Voilà en quel sens elle est extérieure aux particuliers. Sans doute, chacun en contient quelque chose ; mais elle n'est entière chez aucun. Pour savoir ce qu'elle est vraiment, c'est l'agrégat dans sa totalité qu'il faut prendre en considération (1). C'est lui qui pense, qui sent, qui veut, quoiqu'il ne puisse vouloir, sentir ou agir que par l'intermédiaire de consciences particulières. Voilà aussi comment le phénomène social ne dépend pas de la nature personnelle des individus. C'est que, dans la fusion d'où il résulte, tous les caractères individuels, étant divergents par définition, se neutralisent et s'effacent mutuellement. Seules les propriétés les plus générales de la nature humaine surnagent ; et, précisément à cause de leur extrême généralité, elles ne sauraient rendre

(1) Cf. notre livre sur *Le Suicide*, p. 345-363.

compte des formes très spéciales et très complexes qui caractérisent les faits collectifs. Ce n'est pas qu'elles ne soient pour rien dans le résultat ; mais elles n'en sont que les conditions médiates et lointaines. Il ne se produirait pas si elles l'excluaient ; mais ce n'est pas elles qui le déterminent.

Or, l'extériorité des faits psychiques par rapport aux cellules cérébrales n'a pas d'autres causes et n'est pas d'une autre nature. Rien, en effet, n'autorise à supposer qu'une représentation, si élémentaire soit-elle, puisse être directement produite par une vibration cellulaire, d'une intensité et d'une tonalité déterminées. Mais il n'est pas de sensation à laquelle ne concourent un certain nombre de cellules. La manière dont se font les localisations cérébrales ne permet pas d'autre hypothèse ; car les images ne soutiennent jamais de rapports définis qu'avec des zones plus ou moins étendues. Peut-être même le cerveau tout entier participe-t-il à l'élaboration d'où elles résultent ; c'est ce que paraît démontrer le fait des substitutions. Enfin, c'est aussi, semble-t-il, la seule manière de comprendre comment la sensation dépend du cerveau tout en constituant un phénomène nouveau. Elle dépend parce qu'elle est composée de modifications moléculaires (autrement de quoi serait-elle faite et d'où viendrait-elle ?) ; mais elle est en même temps autre chose parce qu'elle résulte d'une synthèse nouvelle et *sui generis* où ces modifications entrent comme éléments, mais où elles sont transformées par le fait même de leur fusion. Sans doute, nous ignorons comment des mouvements peuvent, en se combinant, donner naissance à une représentation. Mais nous ne savons pas davantage comment un mouvement de transfert peut, quand il est arrêté, se changer en chaleur ou réciproquement. Pourtant, on ne met pas en doute la réalité de cette transformation ; qu'est-ce donc que la première a de plus impossible ? Plus généralement, si l'objection était valable, c'est tout changement qu'il faudrait nier ; car entre un effet et ses causes, une résultante et ses éléments, il y a toujours un écart. C'est affaire à la métaphysique de trouver une conception qui rende cette hétérogénéité représentable ; pour nous, il nous suffit que l'existence n'en puisse pas être contestée.

Mais alors, si chaque idée (ou du moins chaque sensation) est due à la synthèse d'un certain nombre d'états cellulaires, combinés ensemble d'après des lois par des forces encore inconnues, il est évident qu'elle ne peut être prisonnière d'aucune cellule déterminée. Elle échappe à chacune parce qu'aucune ne suffit à la susciter. La vie représentative ne peut se répartir d'une manière définie entre les divers éléments nerveux puisqu'il n'est pas de représentation à laquelle ne collaborent plusieurs de ces éléments ; *mais elle ne peut exister que dans le tout formé par leur réunion, comme la vie collective n'existe que dans le tout formé par la réunion des individus.* Ni l'une ni l'autre n'est composée de parties déterminées qui soient assignables à des parties déterminées de leurs substrats respectifs. Chaque état psychique se trouve ainsi, vis-à-vis de la constitution propre aux cellules nerveuses, dans ces mêmes conditions d'indépendance relative où sont les phénomènes sociaux vis-à-vis des natures individuelles. Comme il ne se réduit pas à une modification moléculaire simple, il n'est pas à la merci des modifications de ce genre qui peuvent se produire isolément sur les différents points de l'encéphale ; seules, les forces physiques qui affectent le groupe entier de cellules qui lui sert de support peuvent aussi l'affecter. Mais il n'a pas besoin, pour pouvoir durer, d'être perpétuellement soutenu et comme recréé sans interruption par un continuel apport d'énergie nerveuse. Pour reconnaître à l'esprit cette autonomie limitée qui est, au fond, tout ce que contient de positif et d'essentiel notre notion de la *spiritualité*, il n'est donc pas nécessaire d'imaginer une âme, séparée de son corps, et menant dans je ne sais quel milieu idéal une existence rêveuse et solitaire. L'âme est dans le monde ; elle mêle sa vie à celle des choses et l'on peut, si l'on veut, dire de toutes nos pensées qu'elles sont dans le cerveau. Il faut seulement ajouter que, à l'intérieur du cerveau, elles ne sont pas localisables à la rigueur, qu'elles n'y sont pas situées en des points définis alors même qu'elles sont plus en rapport avec certaines régions qu'avec d'autres. A elle seule, cette diffusion suffit à prouver qu'elles sont quelque chose de spécifique ; car, pour qu'elles soient ainsi diffuses, il faut de toute nécessité que leur mode de composition ne soit pas celui de la masse cérébrale et que, par conséquent, elles aient une manière d'être qui leur soit spéciale.

Ceux donc qui nous accusent de laisser la vie sociale en l'air parce que nous nous refusons à la résorber dans la conscience individuelle, n'ont pas, sans doute, aperçu toutes les conséquences de leur objection. Si elle était fondée, elle s'appliquerait tout aussi bien aux rapports de l'esprit et du cerveau ; par conséquent, il faudrait, pour être logique, résorber aussi la pensée dans la cellule et retirer à la vie mentale toute spécificité. Mais alors on tombe dans les inextricables difficultés que nous avons indiquées. Il y a plus ; partant du même principe, on devra dire également que les propriétés de la vie résident dans les particules d'oxygène, d'hydrogène, de carbone et d'azote qui composent le protoplasme vivant ; car il ne contient rien en dehors de ces particules minérales, de même que la société ne contient rien en dehors des individus (1). Or, peut-être ici l'impossibilité de la conception que nous combattons apparaît-elle avec plus d'évidence encore que dans les cas précédents. D'abord, comment les mouvements vitaux pourraient-ils avoir pour siège des éléments qui ne sont pas vivants ? Puis, comment les propriétés caractéristiques de la vie se répartiraient-elles entre ces éléments ? Elles ne sauraient se retrouver également chez tous puisqu'ils sont de différentes espèces ; l'oxygène ne peut jouer le même rôle que le carbone ni revêtir les mêmes propriétés. Il n'est pas moins inadmissible que chaque aspect de la vie s'incarne dans un groupe différent d'atomes. La vie ne se divise pas ainsi ; elle est une et, par conséquent, elle ne peut avoir pour

(1) Du moins, les individus en sont les seuls éléments actifs. A parler exactement, la société comprend aussi des choses.

siège que la substance vivante dans sa totalité. Elle est dans le tout, non dans les parties. Si donc, pour la bien fonder, il n'est pas nécessaire de la disperser entre les forces élémentaires dont elle est la résultante, pourquoi en serait-il autrement de la pensée individuelle par rapport aux cellules cérébrales et des faits sociaux par rapport aux individus ?

En définitive la sociologie individualiste ne fait qu'appliquer à la vie sociale le principe de la vieille métaphysique matérialiste : elle prétend, en effet, expliquer le complexe par le simple, le supérieur par l'inférieur, le tout par la partie, ce qui est contradictoire dans les termes. Certes le principe contraire ne nous semble pas moins insoutenable ; on ne saurait davantage, avec la métaphysique idéaliste et théologique, dériver la partie du tout, car le tout n'est rien sans les parties qui le composent et il ne peut tirer du néant ce dont il a besoin pour exister. Il reste donc à expliquer les phénomènes qui se produisent dans le tout par les propriétés caractéristiques du tout, le complexe par le complexe, les faits sociaux par la société, les faits vitaux et mentaux par les combinaisons *sui generis* d'où ils résultent. C'est la seule marche que puisse suivre la science. Ce n'est pas à dire que, entre ces différents stades du réel, il y ait des solutions de continuité. Le tout ne se forme que par le groupement des parties et ce groupement ne se fait pas en un instant, par un brusque miracle ; il y a une série infinie d'intermédiaires entre l'état d'isolement pur et l'état d'association caractérisée. Mais, à mesure que l'association se constitue, elle donne naissance à des phénomènes qui ne dérivent pas directement de la nature des éléments associés ; et cette indépendance partielle est d'autant plus marquée que ces éléments sont plus nombreux et plus puissamment synthétisés. C'est de là, sans doute, que viennent la souplesse, la flexibilité, la contingence que les formes supérieures du réel manifestent par rapport aux formes inférieures, au sein desquelles, pourtant, elles plongent leurs racines. En effet, quand une manière d'être ou de faire dépend d'un tout, sans dépendre immédiatement des parties qui le composent, elle jouit, grâce à cette diffusion, d'une ubiquité qui la libère jusqu'à un certain point. Comme elle n'est pas rivée à un point déterminé de l'espace, elle n'est pas asservie à des conditions d'existence trop étroitement limitées. Si quelque cause l'incline à varier, les variations rencontreront moins de résistance et se produiront plus aisément parce qu'elles ont, en quelque sorte, plus de champ pour se mouvoir. Si telles parties s'y refusent, telles autres pourront prêter le point d'appui nécessaire au nouvel arrangement, sans être obligées, pour cela, de se réarranger elles-mêmes. Voilà, du moins, comment on peut concevoir qu'un même organe puisse se plier à des fonctions différentes, que les différentes régions du cerveau puissent se substituer les unes aux autres, qu'une même institution sociale puisse successivement remplir les fins les plus variées.

Aussi, tout en résidant dans le substrat collectif par lequel elle se rattache au reste du monde, la vie collective n'y réside pas cependant de manière à s'y absorber. Elle en est, à la fois, dépendante et distincte, comme la fonction l'est de l'organe. Sans doute, comme elle en sort — car autrement d'où viendrait-elle ? — les formes qu'elle revêt au moment où elle s'en dégage et qui sont, par suite, fondamentales, portent la marque de leur origine. C'est pourquoi la matière première de toute conscience sociale est étroitement en rapport avec le nombre des éléments sociaux, la manière dont ils sont groupés et distribués, etc., c'est-à-dire avec la nature du substrat. Mais une fois qu'un premier fonds de représentations s'est ainsi constitué, elles deviennent, pour les raisons que nous avons dites, des réalités partiellement autonomes qui vivent d'une vie propre. Elles ont le pouvoir de s'appeler, de se repousser, de former entre elles des synthèses de toutes sortes, qui sont déterminées par leurs affinités naturelles et non par l'état du milieu au sein duquel elles évoluent. Par conséquent, les représentations nouvelles, qui sont le produit de ces synthèses, sont de même nature : elles ont pour causes prochaines d'autres représentations collectives, non tel ou tel caractère de la structure sociale. C'est dans l'évolution religieuse que se trouvent peut-être les plus frappants exemples de ce phénomène. Sans doute, il est impossible de comprendre comment le panthéon grec ou romain s'est formé, si l'on ne connaît la constitution de la cité, la manière dont les clans primitifs se sont peu à peu confondus les uns dans les autres, dont la famille patriarcale s'est organisée, etc. Mais, d'un autre côté, cette végétation luxuriante de mythes et de légendes, tous ces systèmes théogoniques, cosmologiques, etc., que construit la pensée religieuse ne se rattachent pas directement à des particularités déterminées de morphologie sociale. Et c'est ce qui fait qu'on a souvent méconnu le caractère social de la religion : on a cru qu'elle se formait en grande partie, sous l'influence de causes extra-sociologiques parce qu'on ne voyait pas de lien immédiat entre la plupart des croyances religieuses et l'organisation des sociétés. Mais, à ce compte, il faudrait également mettre en dehors de la psychologie tout ce qui passe la pure sensation. Car si les sensations, ce fond premier de la conscience individuelle, ne peuvent s'expliquer que par l'état du cerveau et des organes — autrement, d'où viendrait-elles ? — une fois qu'elles existent, elles se composent entre elles d'après des lois dont ni la morphologie, ni la physiologie cérébrale ne suffisent à rendre compte. De là viennent les images, et les images, se groupant à leur tour, deviennent les concepts, et, à mesure que des états nouveaux se surajoutent ainsi aux anciens, comme ils sont séparés par de plus nombreux intermédiaires de cette base organique sur laquelle, pourtant, repose toute la vie mentale, ils en sont aussi moins immédiatement dépendants. Cependant, ils ne laissent pas d'être psychiques ; c'est même en eux que peuvent le mieux s'observer les attributs caractéristiques de la mentalité (1).

(1) On voit par là quel inconvénient il y a à définir les faits sociaux : les phénomènes qui se produisent dans la société, *mais par la société*. L'expression n'est pas exacte ; car il est des faits sociologiques, et non des moindres, qui sont les produits, non de la société, mais de produits sociaux déjà formés .C'est comme

Peut-être ces rapprochements serviront-ils à faire mieux comprendre pourquoi nous nous attachons avec tant d'insistance à distinguer la sociologie de la psychologie individuelle.

Il s'agit simplement d'introduire et d'acclimater en sociologie une conception parallèle à celle qui tend de plus en plus à prévaloir en psychologie. Depuis une dizaine d'années, en effet, une grande nouveauté s'est produite dans cette dernière science : d'intéressants efforts ont été faits pour arriver à constituer une psychologie qui fût proprement psychologique, sans autre épithète. L'ancien introspectionnisme se contentait de décrire les phénomènes mentaux sans les

si l'on définissait les faits psychiques ceux qui sont produits par l'action combinée de toutes les cellules cérébrales ou d'un certain nombre d'entre elles. En tout cas, une telle définition ne peut servir à déterminer et à circonscrire l'objet de la sociologie. Car ces rapports de dérivation ne peuvent être établis qu'au fur et à mesure que la science avance ; quand on commence la recherche, on ne sait pas quelles sont les causes des phénomènes qu'on se propose d'étudier et même on ne les connaît jamais qu'en partie. Il faut donc bien limiter d'après un autre critère le champ de l'investigation, si l'on ne veut pas le laisser indéterminé, c'est-à-dire si l'on veut savoir de quoi l'on traite.

Quant au processus en vertu duquel se forment ces produits sociaux du second degré, s'il n'est pas sans analogie avec celui qu'on observe dans la conscience individuelle, il ne laisse pas d'avoir une physionomie qui lui est propre. Les combinaisons d'où sont résultés les mythes, les théogonies, les cosmogonies populaires ne sont pas identiques aux associations d'idées qui se forment chez les individus, quoique les unes et les autres puissent s'éclairer mutuellement. Il y a toute une partie de la sociologie qui devrait rechercher les lois de l'idéation collective et qui est encore tout entière à faire.

expliquer ; la psycho-physiologie les expliquait, mais en laissant de côté, comme négligeables, leurs traits distinctifs, une troisième école est en train de se former qui entreprend de les expliquer en leur laissant leur spécificité. Pour les premiers, la vie psychique a bien une nature propre, mais qui, la mettant tout à fait à part dans le monde, la soustrait aux procédés ordinaires de la science ; pour les seconds, au contraire, elle n'est rien par elle-même et le rôle du savant est d'écarter cette couche superficielle pour atteindre tout de suite les réalités qu'elle recouvre ; mais des deux côtés on s'entend pour n'y voir qu'un mince rideau de phénomènes, transparent au regard de la conscience suivant les uns, dénué de toute consistance suivant les autres. Or de récentes expériences nous ont montré qu'il fallait bien plutôt la concevoir comme un vaste système de réalités *sui generis*, fait d'un grand nombre de couches mentales superposées les unes aux autres, beaucoup trop profond et trop complexe pour que la simple réflexion suffise à en pénétrer les mystères, trop spécial pour que des considérations purement physiologiques puissent en rendre compte. C'est ainsi que cette *spiritualité* par laquelle on caractérise les faits intellectuels, et qui semblait naguère les mettre soit au-dessus, soit au-dessous de la science, est devenue elle-même l'objet d'une science positive, et, entre l'idéologie des introspectionnistes et le naturalisme biologique, s'est fondé un naturalisme psychologique dont le présent article contribuera peut-être à démontrer la légitimité.

Une transformation semblable doit s'accomplir en

sociologie et c'est justement à ce but que tendent tous nos efforts. S'il n'est plus guère de penseurs qui osent mettre ouvertement les faits sociaux en dehors de la nature, beaucoup croient encore qu'il suffit, pour les fonder, de leur donner comme assise la conscience de l'individu ; certains même vont jusqu'à les réduire aux propriétés générales de la matière organisée. Pour les uns et pour les autres, par conséquent, la société n'est rien par elle-même ; ce n'est qu'un épiphénomène de la vie individuelle (organique ou mentale, il n'importe), de même que la représentation individuelle, d'après Maudsley et ses disciples, n'est qu'un épiphénomène de la vie physique. La première n'aurait d'autre réalité que celle que lui communique l'individu, comme la seconde n'aurait d'autre existence que celle que lui prête la cellule nerveuse, et la sociologie ne serait qu'une psychologie (1) appliquée. Mais l'exemple même de la psychologie démontre que cette conception de la science doit être dépassée. Au delà de l'idéologie des psycho-sociologues, comme au delà du naturalisme matérialiste de la socio-anthropologie, il y a place pour un naturalisme sociologique qui voit dans les phénomènes sociaux des faits spéci-

(1) Quand nous disons psychologie tout court, nous entendons psychologie individuelle, et il conviendrait, pour la clarté des discussions, de restreindre ainsi le sens du mot. La psychologie collective, c'est la sociologie tout entière ; pourquoi ne pas se servir exclusivement de cette dernière expression ? Inversement, le mot de psychologie a toujours désigné la science de la mentalité chez l'individu ; pourquoi ne pas lui conserver cette signification ? On éviterait ainsi bien des équivoques.

fiques et qui entreprenne d'en rendre compte en respectant religieusement leur spécificité. Rien donc de plus étrange que la méprise par suite de laquelle on nous a quelquefois reproché une sorte de matérialisme. Tout au contraire, du point de vue où nous nous plaçons, si l'on appelle *spiritualité* la propriété distinctive de la vie représentative chez l'individu, on devra dire de la vie sociale qu'elle se définit par une *hyper-spiritualité* ; nous entendons par là que les attributs constitutifs de la vie psychique s'y retrouvent, mais élevés à une bien plus haute puissance et de manière à constituer quelque chose d'entièrement nouveau. Malgré son aspect métaphysique, le mot ne désigne donc rien qu'un ensemble de faits naturels, qui doivent s'expliquer par des causes naturelles. Mais il nous avertit que le monde nouveau qui est ainsi ouvert à la science dépasse tous les autres en complexité ; que ce n'est pas simplement une forme agrandie des règnes inférieurs, mais que des forces y jouent qui sont encore insoupçonnées et dont les lois ne peuvent être découvertes par les seuls procédés de l'analyse intérieure.

Chapitre II

DÉTERMINATION DU FAIT MORAL (1)

Thèses

La réalité morale, comme toute espèce de réalité, peut être étudiée de deux points de vue différents. On peut chercher à la connaître et à la comprendre ; ou bien on peut se proposer de la juger. Le premier de ces problèmes, qui est tout théorique, doit nécessairement précéder le second. C'est le seul qui sera traité ici. On fera seulement voir en terminant comment la méthode suivie et les solutions adoptées laissent entier le droit d'aborder ensuite le problème pratique.

D'un autre côté, pour pouvoir étudier théoriquement la réalité morale, il est indispensable de déterminer au préalable en quoi consiste le fait moral ; car, pour pouvoir l'observer, encore faut-il savoir ce qui le caractérise, à quel signe on le reconnaît. C'est cette

(1) Extrait du *Bulletin de la Société française de Philosophie*. É. Durkheim avait fait tenir, aux membres de la Société, les *thèses* que nous reproduisons ici. Nous les faisons suivre d'une partie de la *discussion* qui eut lieu à la séance du 11 février 1906.

question qui sera traitée en premier lieu. On cherchera ensuite s'il est possible de trouver une explication satisfaisante de ces caractéristiques.

I

Quels sont les caractères distinctifs du fait moral ?

Toute morale se présente à nous comme un système de règles de conduite. Mais toutes les techniques sont également régies par des maximes qui prescrivent à l'agent comment il doit se conduire dans des circonstances déterminées. Qu'est-ce donc qui différencie les règles morales des autres ?

1° On montrera que les règles morales sont investies d'une autorité spéciale en vertu de laquelle elles sont obéies parce qu'elles commandent. On retrouvera ainsi, mais par une analyse purement empirique, la notion du devoir, dont on donnera une définition très voisine de celle qu'en a donnée Kant. L'obligation constitue donc un des premiers caractères de la règle morale ;

2° Mais, contrairement à ce qu'a dit Kant, la notion du devoir n'épuise pas la notion du moral. Il est impossible que nous accomplissions un acte uniquement parce qu'il nous est commandé, et abstraction faite de son contenu. Pour que nous puissions nous en faire l'agent, il faut qu'il intéresse, en quelque mesure, notre sensibilité, qu'il nous apparaisse, sous quelque rapport, comme *désirable*. L'obligation ou le devoir n'exprime donc qu'un des aspects, et un aspect abstrait, du moral. Une certaine *désirabilité* est un autre caractère, non moins essentiel que le premier.

Seulement quelque chose de la nature du devoir se trouve dans cette *désirabilité* de l'aspect moral. S'il est vrai que le contenu de l'acte nous attire, cependant il est dans sa nature de ne pouvoir être accompli sans effort, sans une contrainte sur soi. L'élan, même enthousiaste, avec lequel nous pouvons agir moralement nous tire hors de nous-même, nous élève au-dessus de notre nature, ce qui ne va pas sans peine, sans contention. C'est ce désirable *sui generis* que l'on appelle couramment le bien.

Le bien et le devoir sont les deux caractéristiques sur lesquelles on croit utile d'insister particulièrement — sans qu'on veuille nier qu'il puisse y en avoir d'autres. On s'attachera à montrer que tout acte moral présente ces deux caractères, quoiqu'ils puissent être combinés suivant des proportions variables.

Pour faire entrevoir comment la notion du fait moral peut présenter ces deux aspects, en partie contradictoires, on la rapprochera de la notion du *sacré* qui présente la même dualité. L'être sacré, c'est, en un sens, l'être interdit, que l'on n'ose pas violer ; c'est aussi l'être bon, aimé, recherché. Le rapprochement entre ces deux notions sera justifié : 1° Historiquement par les rapports de parenté et de filiation qui existent entre elles ; 2° Par des exemples empruntés à notre morale contemporaine. La personnalité humaine est chose sacrée ; on n'ose la violer, on se tient à distance de l'enceinte de la personne, en même temps que le bien par excellence, c'est la communion avec autrui.

II

Ces caractéristiques déterminées, on voudrait les expliquer, c'est-à-dire trouver un moyen de faire comprendre d'où vient qu'il existe des préceptes auxquels nous devons obéir parce qu'ils commandent, et qui réclament de nous des actes désirables à ce titre particulier qui a été défini plus haut. A vrai dire, une réponse méthodique à cette question suppose une étude aussi exhaustive que possible des règles particulières dont l'ensemble constitue notre moral. Mais à défaut de cette méthode, inapplicable dans la circonstance, il est possible d'arriver, par des procédés plus sommaires, à des résultats qui ne sont pas sans valeur.

En interrogeant la conscience morale contemporaine (dont les réponses peuvent d'ailleurs être confirmées par ce que nous savons sur les morales de tous les peuples connus) on peut se mettre d'accord sur les points suivants : 1° Jamais, en fait, la qualification de moral n'a été appliquée à un acte qui n'a pour objet que l'intérêt de l'individu, ou la perfection de l'individu entendue d'une manière purement égoïste ; 2° Si l'individu que je suis ne constitue pas une fin ayant *par elle-même* un caractère moral, il en est nécessairement de même des individus qui sont mes semblables et qui ne diffèrent de moi qu'en degrés soit en plus soit en moins ; 3° D'où l'on conclura que, *s'il y a une morale*, elle ne peut avoir pour objectif que le groupe formé par une pluralité d'individus associés, c'est-à-dire la société, *sous condition toutefois que la société puisse être considérée comme une personnalité qualitativement différente des personnalités individuelles qui la composent.* La morale commence donc là où commence l'attachement à un groupe quel qu'il soit.

Ceci posé, les caractéristiques du fait moral sont explicables : 1° On montrera comment la société est une chose bonne, désirable pour l'individu qui ne peut exister en dehors d'elle, qui ne peut la nier sans se nier : comment en même temps, parce qu'elle dépasse l'individu, celui-ci ne peut la vouloir et la désirer sans faire quelque violence à sa nature d'individu ; 2° On fera voir ensuite comment la société, en même temps qu'une chose bonne, est une autorité morale qui, en se communiquant à certains préceptes de conduite qui lui tiennent particulièrement à cœur, leur confère un caractère obligatoire.

On s'attachera, d'ailleurs, à établir comment certaines fins — le dévouement inter-individuel, le dévouement du savant à la science — qui ne sont pas des fins morales par elles-mêmes, participent cependant de ce caractère d'une manière indirecte et par dérivation.

Enfin une analyse des sentiments collectifs expliquera le caractère *sacré* qui est attribué aux choses morales ; analyse qui, d'ailleurs, ne sera qu'une confirmation de la précédente.

III

On objecte à cette conception qu'elle asservit l'esprit à l'opinion morale régnante. Il n'en est rien. Car la société que la morale nous prescrit de vouloir, ce n'est pas la société telle qu'elle s'apparaît à elle-même, mais la société telle qu'elle est ou tend réellement à être. Or, la conscience que la société prend d'elle-même dans et par l'opinion peut être inadéquate à la réalité sous-jacente. Il peut se faire que l'opinion soit pleine de survivances, retarde sur l'état réel de la société ; il peut se faire que, sous l'influence de circonstances passagères, certains principes même essentiels de la morale existante soient, pour un temps, rejetés dans l'inconscient et soient, dès lors, comme s'ils n'étaient pas. La science de la morale permet de rectifier ces erreurs dont on donnera des exemples.

Mais il sera maintenu que jamais il ne peut être voulu d'autre morale que celle qui est réclamée par l'état social du temps. Vouloir une autre morale que celle qui est impliquée dans la nature de la société, c'est nier celle-ci, et, par suite, se nier soi-même.

Resterait à examiner si l'homme doit se nier ; la question est légitime, mais ne sera pas examinée. On postulera que nous avons raison de vouloir vivre.

Discussion

M. Durkheim. — Je dois avant tout exposer brièvement l'embarras dans lequel je me trouve. En acceptant de traiter *ex abrupto* une question aussi générale que celle qui est annoncée dans la deuxième partie du programme qui vous a été distribué, je dois faire un peu violence à ma méthode habituelle et à ma façon ordinaire de procéder. Certes, dans le cours que je poursuis depuis quatre ans à la Sorbonne sur la science des mœurs, théorique et appliquée, je ne crains pas d'aborder cette question ; seulement, tandis que dans les livres classiques, c'est elle que l'on aborde en premier lieu, je ne la rencontre qu'à la fin de la recherche : je n'essaye d'expliquer les caractéristiques générales du fait moral, qu'après avoir soigneusement passé en revue le détail des règles morales (morale domestique, morale professionnelle, morale civique, morale contractuelle), après avoir montré et les causes qui leur ont donné naissance et les fonctions qu'elles remplissent — dans la mesure où les données de la science le permettent actuellement. Je recueille ainsi, chemin faisant, nombre de notions qui se dégagent directement de l'étude des faits moraux, et, lorsque j'en viens à poser le problème général, sa solution est déjà préparée ; elle s'appuie sur des réalités concrètes et l'esprit est exercé à voir les choses sous l'angle qui convient. Aussi, en exposant ici mes idées sans les faire précéder de cet appareil de preuves, je suis obligé de les produire quelque peu désarmées et je devrai remplacer souvent la démonstration scientifique qui est impossible par une argumentation purement dialectique.

Mais, je crois que, entre personnes de bonne foi, la dialectique n'est jamais chose vaine, surtout dans ce domaine moral, où, malgré tous les faits que l'on peut rassembler, les hypothèses gardent toujours une très grande place. De plus ce qui m'a tenté, c'est le côté pédagogique de la question ; je crois qu'à ce point de vue, les idées que je vais exposer peuvent trouver une place dans l'enseignement de la morale, enseignement qui, aujourd'hui, est loin d'avoir la vie et l'action qui seraient désirables.

I

La réalité morale se présente à nous sous deux aspects différents, qu'il est nécessaire de distinguer nettement : l'aspect *objectif* et l'aspect *subjectif*.

Pour chaque peuple, à un moment déterminé de son histoire, il existe une morale, et c'est au nom de cette morale régnante que les tribunaux condamnent et que l'opinion juge. Pour un groupe donné, il y a une certaine morale bien définie. Je postule donc, en m'appuyant sur les faits, qu'il y a une morale commune, générale à tous les hommes appartenant à une collectivité.

Maintenant, en dehors de cette morale, il y en a une multitude d'autres, une multitude indéfinie. Chaque individu, en effet, chaque conscience morale exprime la morale commune à sa façon ; chaque individu la comprend, la voit sous un angle différent ; aucune conscience n'est peut-être entièrement adéquate à la morale de son temps et on pourrait dire qu'à certains égards il n'y a pas une conscience morale qui ne soit immorale par certains côtés. Chaque conscience, sous l'influence du milieu, de l'éducation, de l'hérédité, voit les règles morales sous un jour particulier ; tel individu sentira vivement les règles de morale civique, et faiblement les règles de la morale domestique ou inversement. Tel autre aura le sentiment profond du respect des contrats, de la justice, qui n'aura qu'une représentation pâle et inefficace des devoirs de charité. Les aspects même les plus essentiels de la morale sont aperçus différemment par les différentes consciences.

Je ne traiterai pas ici de ces deux sortes de réalité morale, mais seulement de la première. Je ne m'occuperai que de la réalité morale objective, celle qui sert de point de repère commun et impersonnel pour juger les actions. La diversité même des consciences morales individuelles montre qu'il est impossible de regarder de ce côté, lorsqu'on veut déterminer ce qu'est la morale. Rechercher quelles conditions déterminent ces variations individuelles de la morale, serait sans doute un objet d'études psychologiques intéressantes, mais qui ne saurait servir au but que nous poursuivons ici.

Par cela même que je me désintéresse de la façon dont tel ou tel individu se présente à lui-même la morale, je laisse de côté l'opinion des philosophes et des moralistes. Je ne tiens aucun compte de leurs essais systématiques faits pour expliquer ou construire la réalité morale, sauf dans la mesure où l'on est fondé à y voir une expression, plus ou moins adéquate de la morale de leur temps. Un moraliste, c'est avant tout une conscience plus large que les consciences moyennes, dans laquelle les grands courants moraux viennent se rencontrer, qui embrasse par conséquent une portion plus considérable de la réalité morale. Mais quant à considérer leurs doctrines comme des explications, comme des expressions scientifiques de la réalité morale passée ou présente, je m'y refuse

Voilà donc l'objet de la recherche déterminé, voilà définie l'espèce de réalité morale que nous allons étudier. Mais cette réalité elle-même peut être envisagée à deux points de vue différents :

1° On peut chercher à la connaître et à la comprendre ;

2° On peut se proposer de la juger, d'apprécier à un moment donné la valeur d'une morale déterminée.

Je n'ai pas à traiter aujourd'hui ce second problème ; c'est par le premier qu'il faut commencer. Étant donné le désarroi actuel des idées morales, il est indispensable de procéder avec méthode, de commencer par le commencement, de partir de faits sur lesquels on peut s'entendre, pour voir où les divergences se manifestent. Pour pouvoir juger, apprécier la valeur de la morale comme pour juger la valeur de la vie ou la valeur de la nature (car les jugements de valeur peuvent s'appliquer à toute réalité), il faut commencer par connaître la réalité morale.

Or, la première condition, pour pouvoir étudier théoriquement la réalité morale, c'est de savoir où elle est. Il faut pouvoir la reconnaître, la distinguer des autres réalités, bref il faut la définir. Ce n'est pas qu'il puisse être question d'en donner une définition philosophique, telle qu'on peut en donner une fois la recherche avancée. Tout ce qu'il est possible et utile de faire, c'est d'en donner une définition initiale, provisoire, qui nous permette de nous entendre sur la réalité dont nous nous occupons, définition indispensable sous peine de ne pas savoir de quoi nous parlons.

La première question qui se pose, comme au début de toute recherche scientifique et rationnelle, est donc la suivante : à quelles caractéristiques peut-on reconnaître et distinguer les faits moraux ?

La morale se présente à nous comme un ensemble de maximes, de règles de conduite. Mais il y a d'autres règles que les règles morales, qui nous prescrivent des manières d'agir. Toutes les techniques utilitaires sont gouvernées par des systèmes de règles analogues. Il faut chercher la caractéristique différentielle des règles morales. Considérons donc l'ensemble des règles qui régissent la conduite sous toutes ses formes, et demandons-nous s'il n'y en a pas qui présentent des caractères particuliers spéciaux. Si nous constatons que les règles qui présentent les caractéristiques ainsi déterminées répondent bien à la conception que tout le monde se fait en gros (1) des règles morales, nous pourrons leur appliquer la rubrique usuelle et dire que ce sont là les caractéristiques de la réalité morale.

(1) La notion scientifique ainsi construite n'est nullement tenue de reproduire exactement la notion vulgaire, qui peut être erronée. Le vulgaire peut refuser la qualification de morales à des règles qui présentent tous les caractères des préceptes moraux. Tout ce qu'il faut, c'est que l'écart ne soit pas assez considérable pour qu'il y ait des inconvénients à garder l'expression usuelle. C'est ainsi que le zoologiste parle de poissons, bien que son concept du poisson ne soit pas identique à celui du vulgaire.

Pour arriver à un résultat quelconque dans cette recherche, il n'y a qu'une seule façon de procéder ; il faut que nous découvrions les différences intrinsèques qui séparent les règles morales des autres, d'après les différences qui se révèlent dans leurs manifestations extérieures ; car, au début de la recherche, le dehors seul nous est accessible. Il faut que nous trouvions un réactif qui oblige en quelque sorte les règles morales à traduire extérieurement leur caractère spécifique. Le réactif que nous allons employer est celui-ci : nous allons chercher ce qui arrive quand ces diverses règles sont violées et nous verrons si rien ne différencie à ce point de vue les règles morales des règles des techniques.

Quand une règle est violée, il se produit généralement pour l'agent des conséquences fâcheuses pour lui. Mais parmi ces conséquences fâcheuses, nous pouvons en distinguer de deux sortes :

1° Les unes résultent mécaniquement de l'acte de violation. Si je viole la règle d'hygiène qui m'ordonne de me préserver des contacts suspects, les suites de cet acte se produisent automatiquement, à savoir la maladie. L'acte accompli engendre de lui-même la conséquence qui en résulte et, en analysant l'acte, on peut par avance savoir la conséquence qui y est analytiquement impliquée ;

2° Mais quand je viole la règle qui m'ordonne de ne pas tuer, j'ai beau analyser mon acte, je n'y trouverai jamais le blâme ou le châtiment ; il y a entre l'acte et sa conséquence une hétérogénéité complète ; il est impossible de dégager *analytiquement* de la notion de meurtre ou d'homicide, la moindre notion de blâme, de flétrissure. Le lien qui réunit l'acte et sa conséquence est, ici, un lien *synthétique.*

J'appelle *sanction* les conséquences ainsi rattachées à l'acte par un lien synthétique. Ce lien, je ne sais pas encore d'où il vient, quelle est son origine ou sa raison d'être ; j'en constate l'existence et la nature sans aller présentement plus loin.

Mais nous pouvons approfondir cette notion. Puisque les sanctions ne résultent pas analytiquement de l'acte auquel elles sont attachées, c'est donc, vraisemblablement, que je ne suis pas puni, blâmé, *parce que* j'ai accompli tel ou tel acte. Ce n'est pas la nature intrinsèque de mon acte qui entraîne la sanction. Celle-ci ne vient pas de ce que l'acte est tel ou tel, mais de ce que l'acte n'est pas conforme à la règle qui le proscrit. Et en effet, un même acte, fait de mêmes mouvements, ayant les mêmes résultats matériels sera blâmé ou non suivant qu'il existe ou non une règle qui le prohibe. C'est donc bien l'existence de cette règle et le rapport que soutient avec elle l'acte, qui déterminent la sanction. Ainsi l'homicide, flétri en temps ordinaire, ne l'est pas en temps de guerre parce qu'il n'y a pas alors de précepte qui l'interdise. Un acte intrinsèquement le même, qui est blâmé aujourd'hui chez un peuple européen, ne l'était pas en Grèce, parce qu'en Grèce il ne violait aucune règle préétablie.

Nous sommes donc arrivés à une notion plus profonde de la sanction ; la sanction est une conséquence de l'acte qui ne résulte pas du contenu de l'acte, mais de ce que l'acte n'est pas conforme à une règle préétablie. C'est parce qu'il y a une règle, antérieurement posée, et que l'acte est un acte de rébellion contre cette règle, qu'il entraîne une sanction.

Ainsi, il y a des règles présentant ce caractère particulier : nous sommes tenus de ne pas accomplir les actes qu'elles nous interdisent tout simplement parce qu'elles nous les interdisent. C'est ce qu'on appelle le caractère *obligatoire* de la règle morale. Voilà donc retrouvée, par une analyse rigoureusement empirique, la notion de *devoir* et d'obligation, et cela à peu près comme Kant l'entendait.

Jusqu'ici, il est vrai, nous n'avons considéré que les sanctions négatives (blâme, peine), parce que le caractère obligatoire de la règle s'y manifeste plus clairement. Mais il y a des sanctions d'une autre sorte. Les actes commis en conformité avec la règle morale sont loués ; ceux qui les accomplissent sont honorés. La conscience morale publique réagit alors d'une autre manière ; la conséquence de l'acte est favorable à l'agent ; mais le mécanisme du phénomène est le même. La sanction, dans ce cas comme dans le précédent, vient non pas de l'acte lui-même, mais de ce qu'il est conforme à une règle qui le prescrit. Sans doute, cette espèce d'obligation est d'une nuance différente de la précédente ; mais ce sont deux variétés du même groupe. Il n'y a donc pas là deux sortes de règles morales, les unes défendant et les autres commandant ; ce sont deux espèces d'un même genre.

L'obligation morale est donc définie, et cette définition n'est pas sans intérêt ; car elle fait voir à quel point les morales utilitaires les plus récentes et les plus perfectionnées ont méconnu le problème moral. Dans la morale de Spencer par exemple, il y a une ignorance complète de ce qui constitue l'obligation. Pour lui, la peine n'est autre chose que la conséquence mécanique de l'acte (cela se voit en particulier dans son ouvrage de pédagogie à propos des peines scolaires). C'est méconnaître radicalement les caractères de l'obligation morale. Et cette idée absolument inexacte est encore très répandue. Dans une enquête récente sur la morale sans Dieu, on pouvait lire dans la lettre d'un savant qui aime à s'occuper de philosophie que la seule punition dont le moraliste laïque puisse parler est celle qui consiste dans les mauvaises conséquences des actes immoraux (que l'intempérance ruine la santé, etc.)

Dans ces conditions, on passe à côté du problème moral qui est précisément de faire voir ce qu'est le devoir, sur quoi il repose, en quoi il n'est pas une hallucination, à quoi il correspond dans le réel.

Jusqu'ici nous avons suivi Kant d'assez près. Mais si son analyse de l'acte moral est partiellement exacte, elle est pourtant insuffisante et incomplète, car elle ne nous montre qu'un des aspects de la réalité morale.

Nous ne pouvons, en effet, accomplir un acte qui ne nous dit rien et uniquement parce qu'il est commandé. Poursuivre une fin qui nous laisse froids, qui ne nous semble pas *bonne*, qui ne touche pas notre sensibilité, est chose psychologiquement impossible. Il faut donc qu'à côté de son caractère obligatoire, la fin morale soit désirée et désirable ; cette *désirabilité* est un second caractère de tout acte moral.

Seulement la désirabilité particulière à la vie morale participe du caractère précédent, du caractère d'obligation ; elle ne ressemble pas à la désirabilité des objets auxquels s'attachent nos désirs ordinaires. Nous désirons l'acte commandé par la règle d'une façon spéciale. Notre élan, notre aspiration vers lui ne vont jamais sans une certaine peine, sans un effort. Même quand nous accomplissons l'acte moral avec une ardeur enthousiaste nous sentons que nous sortons de nous-mêmes, que nous nous dominons, que nous nous élevons au-dessus de notre être naturel, ce qui ne va pas sans une certaine tension, une certaine contrainte sur soi. Nous avons conscience que nous faisons violence à toute une partie de notre nature. Ainsi, il faut faire une certaine place à l'eudémonisme et on pourrait montrer que, jusque dans l'obligation, le plaisir et la désirabilité pénètrent ; nous trouvons un certain charme à accomplir l'acte moral qui nous est ordonné par la règle et par cela seul qu'il nous est commandé. Nous éprouvons un plaisir *sui generis* à faire notre devoir, parce qu'il est le devoir. La notion du bien pénètre jusque dans la notion de devoir comme la notion de devoir et d'obligation pénètre dans celle de bien. L'eudémonisme est partout dans la vie morale ainsi que son contraire.

Le devoir, l'impératif kantien n'est donc qu'un aspect abstrait de la réalité morale ; en fait, la réalité morale présente toujours et simultanément ces deux aspects que l'on ne peut isoler. Il n'y a jamais eu un acte qui fût purement accompli par devoir ; il a toujours fallu qu'il apparût comme bon en quelque manière. Inversement, il n'en est pas vraisemblablement qui soient purement désirables ; car ils réclament toujours un effort.

De même que la notion d'obligation, première caractéristique de la vie morale, permettait de critiquer l'utilitarisme, la notion de bien, seconde caractéristique, permet de faire sentir l'insuffisance de l'explication que Kant a donnée de l'obligation morale. L'hypothèse kantienne, d'après laquelle le sentiment de l'obligation serait dû à l'hétérogénéité radicale de la Raison et de la Sensibilité, est difficilement conciliable avec ce fait que les fins morales sont, par un de leurs aspects, objets de désirs. Si la sensibilité a, dans une certaine mesure, la même fin que la raison, elle ne s'humilie pas en se soumettant à cette dernière.

Telles sont les deux caractéristiques de la réalité morale. Sont-ce les seules ? Nullement, et je pourrais en indiquer d'autres. Mais celles que je viens de signaler me paraissent les plus importantes, les plus constantes, les plus universelles. Je ne connais pas de règle morale, ni de morale, où elles ne se rencontrent. Seulement elles sont combinées, suivant les cas, dans des proportions très variables. Il y a des actes qui sont accomplis presque exclusivement par enthousiasme, des actes d'héroïsme moral, où le rôle de l'obligation est très effacé et peut être réduit au minimum, où la notion de bien prédomine. Il en est d'autres où l'idée du devoir trouve dans la sensibilité un minimum d'appui. Le rapport de ces deux éléments varie aussi suivant les temps : ainsi dans l'antiquité, il semble que la notion de devoir ait été très effacée ; dans les systèmes et même peut-être dans la morale réellement vécue par les peuples, c'est l'idée du Souverain Bien qui prédomine. D'une manière générale, il en est de même, je crois, partout où la morale est essentiellement religieuse. Enfin, le rapport des deux éléments varie aussi profondément à une même époque, suivant les individus. Suivant les consciences, l'un ou l'autre élément est ressenti plus ou moins vivement, et il est bien rare que les deux aient même intensité. Chacun de nous a son daltonisme moral spécial. Il y a des consciences pour lesquelles l'acte moral semble surtout bon, désirable ; il y en a d'autres qui ont le sens de la règle, qui recherchent la consigne, la discipline, qui ont horreur de tout ce qui est indéterminé, qui veulent que leur vie se déroule suivant un plan rigoureux et que leur conduite soit constamment soutenue par un ensemble de règles solides et fermes.

Et il y a là une raison de plus pour nous tenir en garde contre les suggestions de nos consciences personnelles. On conçoit quels sont les dangers d'une méthode individuelle, subjective, qui réduit la morale au sentiment que chacun de nous en a, puisqu'il y a presque toujours eu des aspects essentiels de la réalité morale ou que nous ne sentons pas du tout, ou que nous ne sentons que faiblement.

Mais, étant donné que ces deux caractéristiques de la vie morale se retrouvent partout où il y a fait moral, peut-on dire cependant qu'elles sont sur le même plan ? N'y en a-t-il pas une à laquelle il faille donner la primauté et de laquelle l'autre dérive ? N'y aurait-il pas lieu, par exemple, de chercher si l'idée de devoir, d'obligation, n'est pas sortie de l'idée de bien, de fin désirable à poursuivre ? J'ai reçu une lettre qui me pose cette question et me soumet cette hypothèse. Je répugne radicalement à l'admettre. Je laisse de côté toutes les raisons qui militent contre elle ; puisque à toutes les époques, si haut que l'on puisse remonter, nous trouvons toujours les deux caractères coexistants, il n'y a aucune raison objective d'admettre entre elles un ordre de priorité même logique. Mais même au point de vue théorique et dialectique, ne voit-on pas que, si nous n'avons des devoirs que parce que le devoir est désirable, la notion même du devoir disparait ? Jamais du désirable on ne pourra tirer l'obligation, puisque le caractère spécifique de l'obligation est de faire, en quelque mesure, violence au désir. Il est aussi impossible de dériver le devoir du bien (ou inversement) que de déduire l'altruisme de l'égoïsme.

Il est incompréhensible, objecte-t-on, que nous puissions être obligés à faire un acte, autrement qu'en raison du contenu intrinsèque de cet acte. Mais d'abord, pas plus dans l'étude des phénomènes moraux que dans l'étude des phénomènes psychiques ou autres, on n'est fondé à nier un fait constant, parce qu'on n'en peut pas donner présentement une explication satisfaisante. Puis, pour que le caractère obligatoire des règles soit fondé, il suffit que la notion d'autorité morale soit fondée elle aussi, car à une autorité morale, légitime aux yeux de la raison, nous devons obéissance simplement parce qu'elle est autorité morale, par respect pour la discipline. Or on hésitera peut-être à nier toute autorité morale. Que la notion en soit mal analysée, ce n'est pas une raison pour en méconnaître l'existence et la nécessité. On verra d'ailleurs plus loin à quelle réalité observable correspond cette notion.

Gardons-nous donc de simplifier artificiellement la réalité morale. Au contraire, conservons-lui avec soin ces deux aspects que nous venons de lui reconnaître, sans nous préoccuper de ce qu'ils paraissent avoir de contradictoire. Cette contradiction s'expliquera tout à l'heure.

D'ailleurs il est une autre notion qui présente la même dualité : c'est la notion du *sacré*. L'objet sacré nous inspire, sinon de la crainte, du moins un respect qui nous écarte de lui, qui nous tient à distance ; et en même temps, il est objet d'amour et de désir ; nous tendons à nous rapprocher de lui, nous aspirons vers lui. Voilà donc un double sentiment qui semble contradictoire, mais qui n'en existe pas moins dans la réalité.

La personne humaine notamment se présente à nous sous le double aspect que nous venons de distinguer. D'une part elle nous inspire chez autrui un sentiment religieux qui nous tient à distance. Tout empiétement sur le domaine dans lequel se meut légitimement la personne de nos semblables nous apparaît comme sacrilège. Elle est comme environnée d'une auréole de sainteté qui la met à part... Mais en même temps, elle est l'objet éminent de notre sympathie ; c'est à la développer que tendent nos efforts. Elle est l'idéal que nous nous efforçons de réaliser en nous le plus complètement qu'il nous est possible.

Et si je compare la notion du sacré à celle du moral, ce n'est pas seulement pour faire un rapprochement plus ou moins intéressant, c'est parce qu'il est bien difficile de comprendre la vie morale, si on ne la rapproche pas de la vie religieuse. Pendant des siècles, la vie morale et la vie religieuse ont été intimement liées et même absolument confondues ; aujourd'hui même on est bien obligé de constater que cette union étroite subsiste dans la plupart des consciences. Dès lors, il est évident que la vie morale n'a pu et ne pourra jamais se dépouiller de tous les caractères qui lui étaient communs avec la vie religieuse. Quand deux ordres de faits ont été aussi profondément liés et pendant si longtemps, quand il y a eu entre eux, et pendant si longtemps, une si étroite parenté, il est impossible qu'ils se dissocient absolument et deviennent étrangers l'un à l'autre. Il faudrait pour cela qu'ils se transformassent de fond en comble, qu'ils cessassent d'être eux-mêmes. Il doit donc y avoir du moral dans le religieux et du religieux dans le moral. Et de fait la vie morale actuelle est toute pleine de religiosité. Non pas que ce fond de religiosité ne se transforme pas, il est certain que la religiosité morale tend à devenir tout à fait différente de la religiosité théologique. Le caractère sacré de la morale n'est pas tel qu'il doive la soustraire à la critique, comme il y soustrait la religion. Mais ce n'est là qu'une différence de degré ; et même elle est encore bien faible aujourd'hui, car, pour la plupart des esprits, le sacré de la morale ne se distingue guère de celui de la religion. Ce qui le prouve, c'est la répugnance qu'on a encore aujourd'hui à appliquer à la morale la méthode scientifique ordinaire ; il semble qu'on *profane* la morale, en osant la penser et l'étudier avec les procédés des sciences profanes. Il semble qu'on attente à sa dignité. Nos contemporains n'admettent pas encore sans résistance que la réalité morale, comme toutes les autres réalités, soit abandonnée à la dispute des hommes.

II

J'arrive à la seconde partie de mon exposition et c'est ici surtout que j'éprouve de vrais scrupules. Après avoir déterminé les caractéristiques de la réalité morale, je voudrais essayer de les expliquer.

Or la seule façon scientifique d'y arriver serait de classer les règles morales, les unes après les autres, de les examiner, de les inventorier ; de chercher à expliquer au moins les principales d'entre elles, en déterminant les causes qui leur ont donné naissance, les fonctions utiles qu'elles ont remplies et remplissent ; et c'est ainsi que l'on pourrait arriver progressivement à entrevoir les causes générales dont dépendent les caractéristiques essentielles qui leur sont communes. C'est ainsi que je procède dans mon enseignement. Ne pouvant ici suivre cette voie, je serai obligé de procéder d'une façon dialectique et d'admettre un certain nombre de postulats, sans les démontrer d'une manière aussi rigoureuse qu'il serait désirable.

Mon point de départ, qui est mon premier postulat, est le suivant :

Nous n'avons de devoirs que vis-à-vis des consciences ; tous nos devoirs s'adressent à des personnes morales, à des êtres pensants.

Quels sont ces sujets conscients ? Voilà le problème.

Un acte ne peut avoir que deux sortes de fins (1) :

1° L'individu que je suis ;

2° D'autres êtres que moi.

Voyons tout d'abord si les actes qui visent uniquement l'être que je suis ont un caractère moral. Pour répondre à cette question, interrogeons la conscience morale commune. Sans doute c'est là une façon de procéder très incertaine et aléatoire, car nous risquons de faire parler la conscience commune, comme nous voulons ; cependant, pratiquée avec bonne foi, la méthode peut n'être pas sans donner des résultats. Tout d'abord, on ne contestera probablement pas que jamais la conscience morale n'a considéré comme moral un acte visant *exclusivement la conservation* de l'individu ; sans doute un tel acte de conservation peut devenir moral, si je me conserve pour ma famille, ma patrie ; mais si je ne me conserve que pour moi-même, ma conduite est, au regard de l'opinion commune, dénuée de toute valeur morale.

Les actes qui tendent, non plus à conserver, mais à développer mon être, en auront-ils davantage ? Oui encore, si je cherche à me développer, non pas dans un

(1) Le schéma de cette argumentation est emprunté à l'*Ethik*, de Wundt.

intérêt personnel, ni même dans un intérêt esthétique, mais afin que ce développement ait des effets utiles pour d'autres êtres que moi. Mais si je cherche seulement à développer mon intelligence et mes facultés pour briller, pour réussir, pour faire de moi une belle œuvre d'art, jamais mon acte ne sera considéré comme moral.

Ainsi l'individu que je suis, en tant que tel, ne saurait être la fin de ma conduite morale. Les autres individus, mes semblables, seraient-ils davantage susceptibles de jouer ce rôle ? Mais si je ne fais rien de moral en conservant ou développant mon être individuel comme tel, pourquoi l'individualité d'un autre homme aurait-elle un droit de priorité sur la mienne ? Si, par lui-même, l'agent n'a rien qui puisse conférer un caractère moral aux actes qui le visent, pourquoi un autre individu, son égal, jouirait-il d'un privilège que le premier n'a pas ? Entre eux, il ne peut y avoir que des différences de degrés — les unes en plus, les autres en moins — ce qui ne saurait expliquer la différence de nature qui sépare une conduite *morale* et une conduite *amorale*. Si la morale accordait à l'un ce qu'elle refuse à l'autre, elle reposerait sur une contradiction fondamentale : ce qui est inadmissible pour des raisons, non seulement logiques, mais pratiques. Car il est bien difficile de concevoir comment, à l'usage, ces sentiments contradictoires n'auraient pas pris conscience de leur contradiction. En tout cas, ce serait une morale singulièrement incertaine que celle dont on ne pourrait prendre conscience, sans en découvrir l'inconsistance.

D'autre part, si un de mes semblables ne saurait,

en servant d'objectif à ma conduite, lui imprimer un caractère moral, celle-ci ne deviendra pas morale en prenant pour fin non pas un, mais plusieurs individus comme tels. Car, si chaque individu pris à part est incapable de communiquer une valeur morale à la conduite, c'est-à-dire s'il n'a pas *par soi* de valeur morale, une somme numérique d'individus n'en saurait avoir davantage.

D'ailleurs, pour ce qui concerne les actes qui visent autrui tout comme pour ceux qui me visent moi-même, je ne songe pas à soutenir qu'en fait et toujours l'opinion leur refuse toute valeur morale ; surtout pour les derniers, ce serait manifestement contraire à l'évidence. Je dis seulement que, quand ils ont une valeur morale, c'est qu'ils visent une fin supérieure à l'individu que je suis, ou aux individus que sont les autres hommes. J'entends que la moralité qui leur est reconnue doit nécessairement découler d'une source plus haute. C'est évident pour les actes dont je suis l'agent et l'objet ; si nous sommes conséquents avec nous-mêmes, la même évidence vaut pour les actes dont je suis l'agent et dont autrui est l'objet.

Mais si nous ne pouvons être liés par le devoir qu'à des sujets conscients, maintenant que nous avons éliminé tout sujet individuel, il ne reste plus d'autre objectif possible à l'activité morale que le sujet *sui generis* formé par une pluralité de sujets individuels associés de manière à former un groupe ; il ne reste plus que le sujet collectif. Encore faut-il que la personnalité collective soit autre chose que le total des individus dont elle est composée ; car, si elle n'était qu'une somme, elle ne pourrait avoir plus de valeur morale que les éléments dont elle est formée et qui, par eux-mêmes, n'en ont pas. Nous arrivons donc à cette conclusion : c'est que, s'il existe une morale, un système de devoirs et d'obligations, il faut que la société soit une personne morale qualitativement distincte des personnes individuelles qu'elle comprend et de la synthèse desquelles elle résulte. On remarquera l'analogie qu'il y a entre ce raisonnement et celui par lequel Kant démontre Dieu. Kant postule Dieu, parce que, sans cette hypothèse, la morale est inintelligible. Nous postulons une société spécifiquement distincte des individus, parce que, autrement, la morale est sans objet, le devoir sans point d'attache. Ajoutons que ce postulat est aisé à vérifier par l'expérience. Bien que j'aie déjà souvent traité la question dans mes livres, il me serait facile d'ajouter des raisons nouvelles à celles que j'ai antérieurement données pour justifier cette conception.

Toute cette argumentation peut, en définitive, se ramener à quelques termes très simples. Elle revient à admettre que, au regard de l'opinion commune, la morale ne commence que quand commence le désintéressement, le dévouement. Mais le désintéressement n'a de sens que si le sujet auquel nous nous subordonnons a une valeur plus haute que nous, individus. Or, dans le monde de l'expérience, je ne connais qu'un sujet qui possède une réalité morale, plus riche, plus complexe que le nôtre, c'est la collectivité. Je me trompe, il en est une autre qui pourrait jouer le même rôle : c'est la divinité. Entre Dieu et la société il faut choisir. Je n'examinerai pas ici les raisons qui peuvent militer en faveur de l'une ou l'autre solution qui sont toutes deux cohérentes. J'ajoute qu'à mon point de vue, ce choix me laisse assez indifférent, car je ne vois dans la divinité que la société transfigurée et pensée symboliquement.

La morale commence donc là où commence la vie en groupe, parce que c'est là seulement que le dévouement et le désintéressement prennent un sens. Je dis la vie en groupe, d'une manière générale. Sans doute, il y a des groupes différents, famille, corporation, cité, patrie, groupements internationaux ; entre ces groupes divers une hiérarchie pourrait être établie ; et l'on trouverait des degrés correspondants dans les différentes formes de l'activité morale suivant qu'elle prend pour objet une société plus étroite ou plus vaste, plus élémentaire ou plus complexe, plus particulière ou plus compréhensive. Mais il est inutile d'entrer ici dans ces questions. Il suffit de marquer le point où paraît commencer le domaine de la vie morale, sans qu'il y ait utilité d'y introduire pour l'instant une différenciation. Or il commence dès qu'il y a attachement à un groupe, si restreint soit-il.

Et maintenant les actes que nous avons écartés chemin faisant vont reprendre médiatement, indirectement, un caractère moral. L'intérêt d'autrui, avons-nous dit, ne saurait avoir plus de morale intrinsèque que mon intérêt propre. Mais en tant qu'autrui participe à la vie du groupe, en tant qu'il est membre de la collectivité à laquelle nous sommes attachés, il prend à nos yeux quelque chose de la même dignité et nous sommes enclins à l'aimer et à le vouloir. Tenir à la société, c'est, comme nous le montrerons mieux tout à l'heure, tenir à l'idéal social ; or il y a un peu de cet idéal en chacun de nous ; il est donc naturel que chaque individu participe en quelque mesure du respect religieux que cet idéal inspire. L'attachement au groupe implique donc d'une manière indirecte, mais nécessaire, l'attachement aux individus, et quand l'idéal de la société est une forme particulière de l'idéal humain, quand le type du citoyen se confond en grande partie avec le type générique de l'homme, c'est à l'homme en tant qu'homme que nous nous trouvons attachés. Voilà ce qui explique le caractère moral qui est attribué aux sentiments de sympathie inter-individuelle et aux actes qu'ils inspirent. Ce n'est pas qu'ils constituent par eux-mêmes des éléments intrinsèques du tempérament moral ; mais ils sont assez étroitement — quoique indirectement — liés aux dispositions morales les plus essentielles pour que leur absence puisse être, non sans raison, considérée comme l'indice très probable d'une moindre moralité. Quand on aime sa patrie, quand on aime l'humanité, on ne peut pas voir la souffrance de ses compagnons sans souffrir soi-même et sans éprouver le besoin d'y porter remède. Mais ce qui nous lie moralement à autrui, ce n'est rien de ce qui constitue son individualité empirique, c'est la fin supérieure dont il est le serviteur et l'organe (1).

(1) C'est de la même façon que le dévouement du savant à la science peut prendre, indirectement, un caractère moral. La

Nous sommes maintenant en état de comprendre comment il se fait qu'il y a des règles, appelées règles morales, auxquelles il nous faut obéir parce qu'elles commandent et qui nous attachent à des fins qui nous dépassent en même temps que nous les sentons désirables.

Nous venons de voir, en effet, que la société est la fin éminente de toute activité morale. Or : 1° En même temps qu'elle dépasse les consciences individuelles, elle leur est immanente ; 2° Elle a tous les caractères d'une autorité morale qui impose le respect.

1° Elle est, pour les consciences individuelles, un objectif transcendant. En effet, elle déborde l'individu de toutes parts. Elle le dépasse matériellement, puisqu'elle résulte de la coalition de toutes les forces individuelles. Mais, à elle seule, cette grandeur matérielle serait insuffisante. L'univers, lui aussi, dépasse l'individu, l'écrase de son énormité et pourtant l'univers n'est pas moral. Seulement la société est autre chose qu'une puissance matérielle ; c'est une grande puissance morale. Elle nous dépasse, non pas seulement physiquement, mais matériellement et moralement.

recherche de la vérité n'est pas morale, en elle-même et pour elle-même ; tout dépend du but dans equel elle est poursuivie. Elle n'est vraiment et pleinement morale que quand la science est aimée à cause des effets bienfaisants qu'elle doit avoir pour la société, pour l'humanité. Mais d'un autre côté, l'abnégation du savant, passionné pour sa science, ressemble trop, par le processus mental qu'elle implique, à l'abnégation proprement morale pour ne pas participer, en quelque mesure, des sentiments que celle-ci inspire. Elle se colore donc de moralité.

La civilisation est due à la coopération des hommes associés et des générations successives ; elle est donc une œuvre essentiellement sociale. C'est la société qui l'a faite, c'est la société qui en a la garde et qui la transmet aux individus. C'est d'elle que nous la recevons. Or la civilisation, c'est l'ensemble de tous les biens auxquels nous attachons le plus grand prix ; c'est l'ensemble des plus hautes valeurs humaines. Parce que la société est à la fois la source et la gardienne de la civilisation, parce qu'elle est le canal par lequel la civilisation parvient jusqu'à nous, elle nous apparaît donc comme une réalité infiniment plus riche, plus haute que la nôtre, une réalité d'où nous vient tout ce qui compte à nos yeux, et qui pourtant nous dépasse de tous les côtés puisque de ces richesses intellectuelles et morales dont elle a le dépôt, quelques parcelles seulement parviennent jusqu'à chacun de nous. Et plus nous avançons dans l'histoire, plus la civilisation humaine devient une chose énorme et complexe ; plus par conséquent elle déborde les consciences individuelles, plus l'individu sent la société comme transcendante par rapport à lui. Chacun des membres d'une tribu australienne porte en lui l'intégralité de sa civilisation tribale ; de notre civilisation actuelle, chacun de nous ne parvient à intégrer qu'une faible part.

Mais nous en intégrons toujours quelque part en nous. Et ainsi, en même temps qu'elle est transcendante, par rapport à nous, la société nous est immanente et nous la sentons comme telle. En même temps qu'elle nous dépasse, elle nous est intérieure, puisqu'elle ne peut vivre qu'en nous et par nous. Ou plutôt elle est nous-même, en un sens, et la meilleure partie de nous-même, puisque l'homme n'est un homme que dans la mesure où il est civilisé. Ce qui fait de nous un être vraiment humain, c'est ce que nous parvenons à nous assimiler de cet ensemble d'idées, de sentiments, de croyances, de préceptes de conduite que l'on appelle la civilisation. Il y a longtemps que Rousseau l'a démontré : si l'on retire de l'homme tout ce qui lui vient de la société, il ne reste qu'un être réduit à la sensation, et plus ou moins indistinct de l'animal. Sans le langage, chose sociale au premier chef, les idées générales ou abstraites sont pratiquement impossibles, et c'en est fait, par conséquent, de toutes les fonctions mentales supérieures. Abandonné à lui-même, l'individu tomberait sous la dépendance des forces physiques ; s'il a pu y échapper, s'il a pu s'affranchir, se faire une personnalité, c'est qu'il a pu se mettre à l'abri d'une force *sui generis*, force intense, puisqu'elle résulte de la coalition de toutes les forces individuelles, mais force intelligente et morale, capable, par conséquent, de neutraliser les énergies inintelligentes et amorales de la nature : c'est la force collective. Permis au théoricien de démontrer que l'homme a droit à la liberté ; mais quelle que soit la valeur de ces démonstrations, ce qui est certain, c'est que cette liberté n'est devenue une réalité que dans et par la société.

Ainsi, vouloir la société, c'est, d'une part, vouloir quelque chose qui nous dépasse ; mais c'est en même temps nous vouloir nous-même. Nous ne pouvons vouloir sortir de la société, sans vouloir cesser d'être des hommes. Je ne sais si la civilisation nous a apporté plus de bonheur, et il n'importe ; mais ce qui est certain c'est que du moment où nous sommes civilisés, nous ne pouvons y renoncer qu'en renonçant à nous-même. La seule question qui puisse se poser pour l'homme est, non pas de savoir s'il peut vivre en dehors d'une société, mais dans quelle société il veut vivre ; et je reconnais d'ailleurs très volontiers à tout individu le droit d'adopter la société de son choix, à supposer qu'il ne soit pas retenu dans sa société natale par des devoirs préalablement contractés. Dès lors, on s'explique sans peine comment la société, en même temps qu'elle constitue une fin qui nous dépasse, peut nous apparaître comme bonne et désirable, puisqu'elle tient à toutes les fibres de notre être ; et par conséquent elle présente les caractères essentiels que nous avons reconnus aux fins morales.

2° Mais, en même temps, elle est une autorité morale. C'est ce qui ressort de ce qui vient d'être dit. Car qu'est-ce qu'une autorité morale sinon le caractère que nous attribuons à un être, réel ou idéal il n'importe, mais que nous concevons comme constituant une puissance morale supérieure à celle que nous sommes ? Or l'attribut caractéristique de toute autorité morale c'est d'imposer le respect ; en raison de ce respect, notre volonté défère aux ordres qu'elle prescrit. La société a donc en elle tout ce qui est nécessaire pour communiquer à certaines règles de conduite ce même caractère impératif, distinctif de l'obligation morale.

Il resterait, il est vrai, à examiner si, *en fait*, c'est

bien à cette source que les règles morales puisent cette autorité qui les fait apparaître aux consciences comme obligatoires. Ainsi que je l'ai dit en commençant, c'est un examen auquel il m'est impossible de procéder ici. Tout ce que je puis affirmer, c'est que, jusqu'à présent, je n'ai pas encore, au cours de mes recherches, rencontré une seule règle morale qui ne soit le produit de facteurs sociaux déterminés. J'attends que l'on m'en indique une qui paraisse réclamer une explication d'une autre sorte. Au reste, le fait, aujourd'hui établi d'une manière incontestée, que tous les systèmes de morale effectivement pratiqués par les peuples sont fonction de l'organisation sociale de ces peuples, qu'ils tiennent à leur structure et varient comme elle, n'est-il pas par lui-même suffisamment démonstratif ? Il fut un temps, il est vrai, où l'on attribuait cette diversité des morales à l'ignorance ou à l'aveuglement des hommes. Mais l'histoire a établi que, sauf les cas anormaux, chaque société a, en gros, la morale qu'il lui faut ; que toute autre non seulement ne serait pas possible, mais serait mortelle à la société qui la pratiquerait. La morale individuelle, quoi qu'on en ait dit parfois, n'échappe pas à cette loi ; elle est même au plus haut point sociale. Car ce qu'elle nous prescrit de réaliser, c'est le type idéal de l'homme tel que le conçoit la société considérée ; or un idéal, chaque société le conçoit à son image. L'idéal du Romain ou l'idéal de l'Athénien étaient étroitement en rapports avec l'organisation propre de chacune de ces cités. Ce type idéal que chaque société demande à ces membres de réaliser n'est-il même pas la clef de voûte de tout le système social et ce qui en fait l'unité ?

En même temps que les deux caractères du fait moral deviennent ainsi intelligibles, en même temps qu'on aperçoit ce qu'ils expriment, on voit ce qui fait leur unité : ils ne sont que deux aspects d'une seule et même réalité, qui est la réalité collective. La société nous commande parce qu'elle est extérieure et supérieure à nous ; la distance morale qui est entre elle et nous fait d'elle une autorité devant laquelle notre volonté s'incline. Mais comme, d'un autre côté, elle nous est intérieure, comme elle est en nous, comme elle est nous, à ce titre, nous l'aimons, nous la désirons quoique d'un désir *sui generis* puisque, quoi que nous fassions, elle n'est jamais nôtre qu'en partie et nous domine infiniment.

Enfin, du même point de vue, on peut comprendre ce caractère sacré dont les choses morales ont toujours été et sont encore marquées, cette religiosité sans laquelle il n'a jamais existé d'éthique.

Je pars de cette remarque que les objets n'ont pas de valeur par eux-mêmes. Cette vérité s'applique même aux choses économiques. La vieille théorie économiste, d'après laquelle il y aurait des valeurs objectives, inhérentes aux choses et indépendantes de nos représentations, ne compte plus guère de représentants aujourd'hui. Les valeurs sont des produits de l'opinion ; les choses n'ont de valeur que par rapport à des états de conscience. Au temps où le travail manuel était frappé d'un discrédit moral, la valeur qui lui était attribuée et qui se traduisait dans la manière dont il était rétribué, était inférieure à celle que nous lui reconnaissons aujourd'hui. On pourrait multiplier les exemples.

Il en est des choses morales comme des choses économiques. Quand nous disons qu'elles sont sacrées, nous entendons qu'elles ont une valeur incommensurable avec les autres valeurs humaines. Car ce qui est sacré, c'est ce qui est mis à part, c'est ce qui n'a pas de commune mesure avec ce qui est profane. Et il est bien certain que les choses morales ont ce caractère ; car jamais nous n'admettrons, jamais, à ma connaissance, les hommes n'ont admis qu'une valeur morale puisse être exprimée en fonction d'une valeur d'ordre économique, je dirais volontiers, d'ordre temporel. Nous pouvons, dans certains cas, au nom de la faiblesse humaine, excuser l'homme qui a sacrifié son devoir pour conserver sa vie ; jamais nous n'oserions proclamer que ce sacrifice est légitime et mérite d'être approuvé. Et pourtant la vie est, de tous les biens profanes, amoraux, celui auquel nous tenons naturellement le plus, puisqu'il est la condition des autres.

Mais alors, pour que les choses morales soient à ce point hors de pair, il faut que les sentiments qui déterminent leurs valeurs aient le même caractère ; il faut qu'eux aussi soient hors de pair parmi les autres désirs humains ; il faut qu'ils aient un prestige, une énergie qui les mettent à part parmi les mouvements de notre sensibilité. Or les sentiments collectifs satisfont à cette condition. Précisément parce qu'ils sont l'écho en nous de la grande voix de la collectivité, ils parlent à l'intérieur de nos consciences sur un tout autre ton que les sentiments purement individuels ;

ils nous parlent de plus haut ; en raison même de leur origine, ils ont une force et un ascendant tout particuliers. On conçoit donc que les choses auxquelles ces sentiments s'attachent participent de ce même prestige ; qu'elles soient mises à part et élevées au-dessus des autres de toute la distance qui sépare ces deux sortes d'états de conscience.

Voilà d'où vient ce caractère sacré dont est actuellement investie la personne humaine. Ce caractère ne lui est pas inhérent. Analysez l'homme tel qu'il se présente à l'analyse empirique, et vous n'y trouverez rien qui implique cette sainteté ; il n'y a rien en lui que temporel. Mais, sous l'effet de causes que nous n'avons pas à rechercher ici, la personne humaine est devenue la chose à laquelle la conscience sociale des peuples européens s'est attachée plus qu'à toute autre ; du coup, elle a acquis une valeur incomparable. C'est la société qui l'a consacrée. Cette espèce d'auréole qui entoure l'homme et qui le protège contre les empiétements sacrilèges, l'homme ne la possède pas naturellement ; c'est la manière dont la société le pense, c'est la haute estime qu'elle en a présentement, projetée au dehors et objectivée. Ainsi, bien loin qu'entre l'individu et la société il y ait l'antagonisme qu'on a si souvent admis, en réalité, l'individualisme moral, le culte de l'individu humain est l'œuvre de la société. C'est elle qui l'a institué. C'est elle qui a fait de l'homme un Dieu dont elle est devenue la servante.

Peut-être se représentera-t-on mieux ainsi ce qu'est cette société dans laquelle je crois trouver la fin et la source de la morale. On m'a parfois accusé de donner ainsi à la vie morale un bien médiocre objectif en même temps qu'un théâtre bien étroit. Et sans doute, si l'on ne voit dans la société que le groupe d'individus qui la composent, l'habitat qu'ils occupent, le reproche se justifie sans peine. Mais la société est autre chose ; c'est avant tout un ensemble d'idées, de croyances, de sentiments de toutes sortes, qui se réalisent par les individus ; et, au premier rang de ces idées, se trouve l'idéal moral qui est sa principale raison d'être. La vouloir, c'est vouloir cet idéal, si bien que nous pouvons parfois préférer la voir disparaître comme entité matérielle, plutôt que de renier l'idéal qu'elle incarne. Une société, c'est un foyer intense d'activité intellectuelle et morale et dont le rayonnement s'étend au loin. Des actions et des réactions qui s'échangent entre les individus se dégage une vie mentale, entièrement nouvelle, qui transporte nos consciences dans un monde dont nous n'aurions aucune idée, si nous vivions isolés. Nous nous en apercevons bien aux époques de crises, quand quelque grand mouvement collectif nous saisit, nous soulève au-dessus de nous-mêmes, nous transfigure. Si, dans le cours ordinaire de la vie, nous sentons moins vivement cette action parce qu'elle est moins violente et moins aiguë, elle ne laisse pas d être réelle.

III

Je serai très bref sur la troisième partie de mon programme. Je ne l'ai insérée que pour nous permettre de discuter une objection qui m'a été faite bien souvent et qui repose, je crois, sur une méprise.

On dit que cette manière de concevoir la morale exclut la possibilité de la juger. Il semble que si la morale est le produit de la collectivité, elle doit s'imposer nécessairement à l'individu et que celui-ci soit réduit à l'accepter passivement sans avoir jamais le droit de se dresser contre elle, quelle qu'elle puisse être. Nous serions ainsi condamnés à suivre toujours l'opinion sans jamais pouvoir, en droite raison, nous insurger contre elle.

Mais, ici, comme ailleurs, la science du réel nous met en état de modifier le réel et de le diriger. La science de l'opinion morale nous fournit les moyens de juger l'opinion morale et au besoin de la rectifier. Je veux donner de ces rectifications possibles quelques exemples dont la liste n'est nullement exhaustive.

Tout d'abord, il peut se faire que, par l'effet d'une tourmente passagère, quelqu'un des principes fondamentaux de la morale s'éclipse pour un moment de la conscience publique qui, ne le sentant plus, le nie (théoriquement et explicitement ou pratiquement et en fait, il n'importe). La science des mœurs peut appeler de cette conscience morale temporairement troublée à ce qu'elle était antérieurement et d'une manière chronique ; et déjà, en opposant la permanence avec laquelle, pendant longtemps, s'est affirmé le principe ainsi nié, au caractère aigu, passager de la crise au cours de laquelle il a sombré, on peut, au nom de la science, éveiller des doutes rationnels sur la légitimité de cette négation. On peut, toujours par la même méthode, faire plus et montrer comment ce principe est en rapport avec telles ou telles conditions essentielles et toujours actuelles de notre organisation sociale, de notre mentalité collective ; comment, par suite, on ne peut le méconnaître sans méconnaître aussi les conditions de l'existence collective et, par voie de conséquence, de l'existence individuelle. Si par exemple, à un moment donné, la société, dans son ensemble, tend à perdre de vue les droits sacrés de l'individu, ne peut-on la redresser avec autorité en lui rappelant comment le respect de ses droits est étroitement lié à la structure des grandes sociétés européennes, à tout l'ensemble de notre mentalité, si bien que, les nier sous prétexte d'intérêts sociaux, c'est nier les intérêts sociaux les plus essentiels ?

Il peut se faire également qu'à côté de la morale constituée et qui se maintient par la force de la tradition, des tendances nouvelles se fassent jour, plus ou moins conscientes d'elles-mêmes. La science des mœurs peut alors nous permettre de prendre parti entre ces morales divergentes : celle qui est, d'une part, celle qui tend à être, de l'autre. Elle peut nous apprendre, par exemple, que la première correspond à un état de choses qui a disparu ou qui est en train de disparaître ; que les idées nouvelles qui sont en train de se faire jour sont, au contraire, en rapport avec les changements survenus dans les conditions de l'existence collective et réclamés par ces changements ; elle peut nous aider à préciser ces idées et à les déterminer, etc.

Nous ne sommes donc nullement obligés à nous incliner docilement devant l'opinion morale. Nous pouvons même nous considérer, dans certains cas, comme fondés à nous rebeller contre elle. Il peut arriver, en effet, que, pour un des motifs qui viennent d'être indiqués, nous jugions de notre devoir de lutter contre des idées morales que nous savons surannées, qui ne sont plus que des survivances, et que le moyen le plus efficace pour cela nous paraisse être de nier ces idées, non seulement théoriquement, mais par des actes. Sans doute, ce sont là des cas de conscience toujours délicats que je n'entends pas résoudre d'un mot, je veux seulement montrer que la méthode dont je me réclame permet de les poser.

Mais, en tout état de cause, nous ne pouvons aspirer à une autre morale que celle qui est réclamée par notre état social. Il y a là un point de repère objectif auquel doivent toujours être rapportées nos appréciations. La raison qui juge en ces matières, ce n'est donc pas la raison individuelle, mue on ne sait par quelles inspirations intérieures, par quelles préférences personnelles ; c'est la raison, s'appuyant sur la connaissance, aussi méthodiquement élaborée que possible, d'une réalité donnée, à savoir de la réalité sociale. C'est de la société et non du moi que dépend la morale. Et sans doute il arrive très souvent que nous sommes obligés de prendre un parti sur ces questions sans attendre que la science soit assez avancée pour nous guider ; les nécessités de l'action nous font souvent une nécessité de devancer la science. Nous faisons alors comme nous pouvons, remplaçant la science méthodique, qui est impossible, par une science sommaire, hâtive, complétée par les inspirations de la sensibilité. Mais il ne s'agit pas de soutenir qu'une science, née d'hier, est en état de diriger souverainement la conduite. Je voulais seulement montrer que cette science ne nous interdit pas d'apprécier le réel, mais nous donne au contraire des moyens d'appréciation raisonnés.

Telle est — autant qu'elle peut être exposée au cours d'un entretien — la conception générale des faits moraux à laquelle m'ont conduit les recherches que je poursuis sur ce sujet depuis un peu plus de vingt ans. On l'a parfois jugée étroite ; j'espère que, mieux comprise, elle cessera de paraître telle. On a pu voir, au contraire, que, sans se proposer systématiquement d'être électique, elle se trouve faire place aux points de vue qui passent d'ordinaire pour les plus opposés. Je me suis surtout appliqué à montrer qu'elle permet de traiter empiriquement les faits moraux, tout en leur laissant leur caractère *sui generis*, c'est-à-dire cette religiosité qui leur est inhérente et qui les met à part dans l'ensemble des phénomènes humains. On échappe ainsi et à l'empirisme utilitaire qui tente bien d'expliquer rationnellement la morale, mais en niant ses caractères spécifiques, en ravalant ses notions essentielles au même rang que les notions fondamentales des techniques économiques, et à l'apriorisme kantien qui donne une analyse relativement fidèle de la conscience morale, mais qui décrit plus qu'il n'explique. On retrouve la notion du devoir mais pour des raisons d'ordre expérimental et sans exclure ce qu'il y a de fondé dans l'eudémonisme. C'est que ces manières de voir, qui s'opposent chez les moralistes, ne s'excluent que dans l'abstrait. En fait, elles ne font qu'exprimer des aspects différents d'une réalité complexe, et, par conséquent, on les retrouve toutes, chacune à sa place, quand on fait porter son observation sur cette réalité et qu'on cherche à la connaître dans sa complexité.

Chapitre III

RÉPONSES AUX OBJECTIONS (1)

I. — L'état de la société et l'état de l'opinion

J'ai dit que le point de repère par rapport auquel doivent être établies nos anticipations relativement à l'avenir de la morale est, non l'état de l'opinion, mais l'état de la société tel qu'il est donné réellement ou tel qu'il paraît appelé à devenir en vertu des causes nécessaires qui dominent l'évolution. Ce qu'il importe de savoir, c'est ce qu'est la société, et non la manière dont elle se conçoit elle-même et qui peut être erronée. Par exemple, aujourd'hui, le problème consiste à chercher ce que doit devenir la morale dans

(1) Nous faisons suivre la communication faite par M. Durkheim à la Société française de Philosophie, le 11 février, de quelques fragments empruntés à la discussion qui suivit, le 27 mars. Nous ne retenons de cette discussion que les passages un peu développés qui nous paraissent de nature à éclairer les théories de M. Durkheim sur la science de la morale. Les titres sont de nous.

Le premier fragment est une réponse à une observation de M. Parodi.

une société comme la nôtre, caractérisée par une concentration et une unification croissante, par la multitude toujours plus grande de voies de communication qui en mettent en rapports les différentes parties, par l'absorption de la vie locale dans la vie générale, par l'essor de la grande industrie, par le développement de l'esprit individualiste qui accompagne cette centralisation de toutes les forces sociales, etc.

Quant aux aspirations confuses qui se font jour de différents côtés, elles expriment la manière dont la société, ou plutôt dont les parties différentes de la société se représentent cet état et les moyens d'y faire face, et elles n'ont pas d'autre valeur. Certes, elles constituent des éléments précieux d'information, car elles traduisent quelque chose de la réalité sociale sous-jacente. Mais chacune n'en exprime qu'un aspect et ne l'exprime pas toujours fidèlement. Les passions, les préjugés, qui se mettent toujours de la partie ne permettent pas à cette traduction d'être exacte. C'est à la science qu'il appartient d'atteindre la réalité elle-même et de l'exprimer et c'est sur la réalité ainsi connue que le savant doit faire reposer son anticipation. Certes, pour pouvoir traiter le problème moral pratique, tel qu'il se pose aujourd'hui, il est bon de connaître le courant socialiste sous ses différentes formes, ainsi que le courant contraire, ou le courant mystique, etc. Mais le savant peut être certain par avance qu'aucune de ces aspirations ne saurait le satisfaire sous la forme qu'elle a prise spontanément, bien que l'une d'elles puisse cependant présenter plus de vérité pratique que les autres et mériter, à ce titre, une certaine préférence.

Le rôle de la science ne se borne donc pas, *a priori*, à introduire un peu plus de clarté dans les tendances de l'opinion. C'est l'état de la société, et non l'état de l'opinion qu'il faut atteindre. Seulement, en fait, il est difficilement admissible que l'opinion n'exprime rien de réel, que les aspirations de la conscience collective soient de pures hallucinations. Quoiqu'elles ne lient aucunement la recherche scientifique, il est à prévoir que les résultats de la recherche, si elle est méthodique, rencontreront certaines de ces aspirations, qu'il y aura lieu d'éclairer, de préciser, de compléter les unes par les autres. D'ailleurs, si le savant ou le philosophe venaient préconiser une morale dont l'opinion n'a pas le moindre sentiment, ils feraient œuvre vaine puisque cette morale resterait lettre morte ; et une telle discordance suffirait à mettre un esprit avisé et méthodique en défiance vis-à-vis de ses conclusions, si bien déduites qu'elles lui paraissent. Voilà comment, *dans la pratique*, le rôle de la réflexion a toujours plus ou moins consisté à aider les contemporains à prendre conscience d'eux-mêmes, de leurs besoins, de leurs sentiments. La science de la morale, telle que je l'entends, n'est qu'un emploi plus méthodique de la réflexion mise au service de cette même fin.

Socrate exprimait plus fidèlement que ses juges la morale qui convenait à la société de son temps. Il serait facile de montrer que, par suite des transformations par lesquelles avait passé la vieille organisation gentilice, par suite de l'ébranlement des croyances religieuses qui en était résulté, une nouvelle foi religieuse et morale était devenue nécessaire à Athènes. Il serait facile de faire voir que cette aspiration vers des formules nouvelles n'était pas ressentie par le seul Socrate, qu'il y avait un puissant courant dans ce sens que les sophistes avaient déjà exprimé. Voilà en quel sens Socrate devançait son temps tout en le traduisant.

II. — La raison individuelle et la réalité morale (1)

L'individu peut se soustraire partiellement aux règles existantes en tant qu'il veut la société telle qu'elle est, et non telle qu'elle s'apparaît, en tant qu'il veut une morale adaptée à l'état actuel de la société et non à un état social historiquement périmé, etc. Le principe même de la rébellion est donc le même que le principe du conformisme. C'est à la nature *vraie* de la société qu'il se conforme quand il obéit à la morale traditionnelle ; c'est à la nature *vraie* de la société qu'il se conforme quand il se révolte contre cette même morale...

Dans le règne moral comme dans les autres règnes de la nature, la raison de l'*individu* n'a pas de privilèges en tant que raison de l'*individu*. La seule raison pour laquelle vous puissiez légitimement revendiquer, ici comme ailleurs, le droit d'intervenir et de s'élever au-dessus de la réalité morale historique en vue de la réformer, ce n'est pas ma raison, ni la vôtre ; c'est la raison humaine, impersonnelle, qui ne se réalise vraiment que dans la science. De même que la science des choses physiques nous permet de redresser celle-ci, la science des faits moraux nous met en état de cor-

(1) En réponse à une observation de M. Darlu.

riger, de redresser, de diriger le cours de la vie morale. Mais cette intervention de la science a pour effet de substituer à l'idéal collectif d'aujourd'hui, non pas un idéal individuel, mais un idéal également collectif, et qui exprime non une personnalité particulière, mais la collectivité mieux comprise.

La science des faits moraux telle que je l'entends, c'est précisément la raison humaine s'appliquant à l'ordre moral, pour le connaître et le comprendre d'abord, pour en diriger les transformations ensuite. Il n'y a pas dans tout cela de *sens propre*. Au contraire, cet emploi méthodique de la raison a pour principal objet de nous soustraire, autant qu'il est en nous, aux suggestions du sens propre, pour laisser parler les choses elles-mêmes. Les choses, ici, c'est l'état présent de l'opinion morale dans ses rapports avec la réalité sociale qu'elle doit exprimer...

Il y a là, je crois, entre nous une divergence dont il vaut mieux prendre conscience que de chercher à la masquer. La rébellion contre la tradition morale, vous la concevez comme une révolte de l'individu contre la collectivité, de nos sentiments personnels contre les sentiments collectifs. Ce que j'oppose à la collectivité, c'est la collectivité elle-même, mais plus et mieux consciente de soi. Dira-t-on que cette plus haute conscience d'elle-même, la société n'y parvient vraiment que dans et par un esprit individuel ? Nullement, car cette plus haute conscience de soi, la société n'y parvient vraiment que par la science, et la science n'est pas la chose d'un individu, c'est une chose sociale, impersonnelle au premier chef.

Certes, les droits que je reconnais ainsi à la raison sont considérables. Mais il faut s'expliquer sur ce mot de raison. Si l'on entend par là que la raison possède en elle-même, à l'état immanent, un idéal moral qui serait le véritable idéal moral et qu'elle pourrait et devrait opposer à celui que poursuit la société à chaque moment de l'histoire, je dis que cet *a priorisme* est une affirmation arbitraire que tous les faits connus contredisent. La raison à laquelle je fais appel, c'est la raison s'appliquant méthodiquement à une matière donnée, à savoir à la réalité morale du présent et du passé pour savoir ce qu'elle est, et tirant ensuite de cette étude théorique des conséquences pratiques. La raison ainsi entendue, c'est tout simplement la science, en l'espèce, la science des faits moraux. Tous mes efforts tendent précisément à tirer la morale du subjectivisme sentimental où elle s'attarde et qui est une forme ou d'empirisme ou de mysticisme, deux manières de penser étroitement parentes.

Et d'ailleurs, en m'exprimant ainsi, je n'entends nullement dire que nous ne puissions réformer la morale que quand la science est assez avancée pour nous dicter les réformes utiles. Il est clair qu'il faut vivre et que nous devons souvent devancer la science. Dans ce cas, nous faisons comme nous pouvons, nous servant des rudiments de connaissances scientifiques dont nous disposons, les complétant par nos impressions, nos sensations, etc. Nous courons alors plus de risque, il est vrai, mais il est parfois nécessaire de risquer. Tout ce que je veux prouver, c'est que l'attitude que je crois pouvoir adopter dans l'étude des faits moraux ne me condamne pas à une sorte d'optimisme résigné...

M. Darlu pose comme une évidence qu'il y a infiniment plus de choses dans la conscience d'un « individu que dans la société la plus complexe et la plus parfaite ». J'avoue que, quant à moi, c'est le contraire qui me paraît évident. L'ensemble des biens intellectuels et moraux qui constitue la civilisation à chaque moment de l'histoire a pour siège la conscience de la collectivité, et non celle de l'individu. Chacun de nous ne parvient à s'assimiler que des fragments de sciences, ne s'ouvre qu'à certaines impressions esthétiques. C'est dans la société et par la société que vivent la science et l'art dans leur intégralité. On parle de la richesse morale de l'individu ! Mais des multiples courants moraux qui travaillent notre époque, chacun de nous n'en aperçoit guère qu'un, celui qui traverse notre milieu individuel, et encore n'en avons-nous qu'une sensation fragmentaire et superficielle. Combien la vie morale de la société, avec ses aspirations de toutes sortes qui se complètent ou se heurtent, est plus riche et plus complexe ! Mais nous ne savons presque rien de cette activité intense qui fermente autour de nous...

De toutes les règles de la morale, celles qui concernent l'idéal individuel sont aussi celles dont l'origine sociale est le plus facile à établir. L'homme que nous cherchons à être, c'est l'homme de notre temps et de notre milieu. Sans doute chacun de nous colore à sa façon cet idéal commun, le marque de son individualité, de même que chacun de nous pratique la charité, la justice, le patriotisme, etc., à sa manière. Mais il s'agit si peu d'une construction individuelle, que c'est dans cet idéal que communient tous les hommes d'un même groupe ; c'est lui surtout qui fait leur unité morale. Le Romain avait son idéal de la perfection individuelle en rapport avec la constitution de la cité romaine, comme nous avons le nôtre en rapport avec la structure de nos sociétés contemporaines. C'est une illusion assez grossière de croire que nous l'avons librement enfanté dans notre for intérieur.

III. — Le sentiment de l'obligation le caractère sacré de la morale (1)

Le sentiment de l'obligation varie sans cesse et même, si l'on perd de vue cette variabilité, on peut croire par moments qu'il disparaît simplement parce qu'il se modifie. C'est ce qui arrive aujourd'hui dans notre société française. Je suis très frappé de voir que, présentement, c'est l'autre aspect, l'aspect désirable de la morale, qui prédomine dans beaucoup de consciences contemporaines. Il y a à cela des raisons qu'il n'est pas impossible d'entrevoir.

En effet, pour que le sentiment de l'obligation ait tout son relief, il faut qu'il y ait une morale nettement constituée et s'imposant à tous sans contestation. Or, aujourd'hui, la morale traditionnelle est ébranlée, sans qu'aucune autre se soit formée qui en tienne lieu. D'anciens devoirs ont perdu leur empire, sans que nous voyions encore clairement et d'un œil assuré quels sont nos devoirs nouveaux. Des idées divergentes se partagent les esprits. Nous traversons une période de crise. Il n'est donc pas étonnant que nous ne sentions pas les règles morales aussi pressantes que par le passé ; elles ne peuvent

(1) En réponse à une observation de M. Jacob.

nous apparaître comme aussi augustes, puisqu'elles sont, en partie, inexistantes. Il en résulte que la morale se présente à nous, moins comme un code de devoirs, comme une discipline définie qui nous oblige, que comme un idéal entrevu, mais encore bien indéterminé, qui nous attire. Le ferment de la vie morale est moins un sentiment de déférence pour un impératif incontesté, qu'une sorte d'aspiration vers un objectif élevé, mais imprécis. Mais on voit de nouveau combien il nous faut mettre en défiance contre les conclusions que nous pourrions être tentés de dégager d'une expérience aussi sommaire et aussi courte.

Mais, ces remarques faites, je viens au fond de la question que m'a posée M. Jacob.

Oui, certes, je tiens à conserver le caractère sacré de la morale, et je tiens à le conserver, non parce qu'il me paraît répondre à telle ou telle aspiration que je partage, ou que j'éprouve, mais parce qu'il m'est donné dans les faits. Du moment que le moral apparaît partout dans l'histoire comme empreint de religiosité, il est impossible qu'il se dépouille totalement de ce caractère ; autrement il cesserait d'être lui-même. Un fait ne peut perdre un de ses attributs essentiels sans changer de nature. La morale ne serait plus la morale si elle n'avait plus rien de religieux. Aussi bien, l'horreur qu'inspire le crime est de tous points comparable à celle que le sacrilège inspire aux croyants ; et le respect que nous inspire la personne humaine est bien difficile à distinguer, autrement qu'en nuances, du respect que le fidèle de toutes les religions a pour les choses qu'il regarde comme sacrées. Seulement, ce sacré, je crois qu'il peut être exprimé, et je m'efforce de l'exprimer, en termes laïcs. Et c'est là, en somme, le trait distinctif de mon attitude. Au lieu de méconnaître et de nier avec les utilitaires ce qu'il y a de religieux dans la morale, au lieu d'hypostasier cette religiosité en un être transcendant avec la théologie spiritualiste, je m'oblige à la traduire en un langage rationnel, sans lui retirer pourtant aucun de ses caractères spécifiques. Vous pouvez entrevoir que, de ce point de vue, j'échappe à l'objection que vous me faisiez, puisque devant ce sacré, dont j'affirme l'existence, ma pensée laïque garde toute son indépendance.

Mais l'entreprise est-elle possible ? Ne serait-elle pas plutôt, comme vous paraissez le croire, contradictoire dans les termes ?

Pour répondre à cette question il est nécessaire de déterminer un peu plus nettement cette notion de sacré ; non pas que je songe à en donner ainsi, en passant, une définition rigoureuse. Mais il est possible, tout au moins, d'en fixer certains caractères qui me permettront de m'expliquer.

Tout d'abord, je ferai remarquer que vous avez paru identifier la notion du sacré avec l'idée d'obligation, avec l'impératif catégorique. Il y aurait fort à dire sur cette identification. Il s'en faut que la notion d'impératif soit la vraie caractéristique de ce que la morale a de religieux. Tout au contraire, on pourrait montrer que, plus une morale est essentiellement religieuse, plus aussi l'idée d'obligation est effacée. Très souvent, la sanction qui est attachée à la violation des préceptes rituels est tout à fait analogue à celle qui est attachée à la violation des règles de l'hygiène. L'imprudent qui s'est exposé à un contact suspect contracte une maladie qui résulte analytiquement de ce contact. De même le profane qui a touché indûment une chose sacrée a déchaîné sur lui-même une force redoutable qui détermine dans son corps la maladie et la mort. Il y a une prophylaxie religieuse qui ressemble sur plus d'un point à la prophylaxie médicale. Ce n'est donc pas par son aspect obligatoire que la morale se rapproche le plus de la religion.

Le sacré, c'est essentiellement, comme je l'ai dit d'ailleurs dans ma communication, ce qui est *mis à part*, ce qui est *séparé*. Ce qui le caractérise, c'est qu'il ne peut, sans cesser d'être lui-même, être mêlé au profane. Tout mélange, tout contact même a pour effet de le *profaner*, c'est-à-dire de lui enlever tous ses attributs constitutifs. Mais cette séparation ne met pas sur le même plan les deux ordres de choses ainsi séparées ; ce dont témoigne la solution de continuité qui existe entre le sacré et le profane, c'est qu'il n'y a pas entre eux de commune mesure, c'est qu'ils sont radicalement hétérogènes, incommensurables, c'est que la valeur du sacré est incomparable avec celle du profane.

Cela étant, pourquoi n'y aurait-il pas des valeurs laïques incommensurables ? S'il y en a, elles sont sacrées. Voilà par où la morale peut avoir quelque chose de religieux.

Or que les choses morales répondent à cette définition, qu'elles soient incommensurables aux autres choses de la nature, c'est ce qui ne me paraît pas contestable. C'est un fait. La conscience publique n'admet pas, n'a jamais admis qu'on puisse légitimement manquer à un devoir pour des raisons purement utilitaires ; ou bien, s'il lui arrive de s'abaisser jusqu'à cette tolérance, c'est à la condition de se voiler à elle-même, au moyen de quelque casuistique, la contradiction qu'elle commet. Voilà comment il y a du sacré en morale. Mais devant ce caractère sacré la raison n'a nullement à abdiquer ses droits. Il est légitime de rechercher comment il se fait que nous attachions ce caractère à certains objets ou à certains actes ; d'où vient qu'il existe un monde séparé et à part, un monde de représentations *sui generis* ; à quoi, dans le réel, correspondent ces représentations. C'est justement à cette question que j'ai essayé de répondre. On peut même aller plus loin et se demander si telles choses, telles manières d'agir qui présentent aujourd'hui ce caractère ne le possèdent pas indûment, par survivance, par un effet de circonstances anormales ; si, au contraire, certaines autres, qui en sont privées présentement, ne sont pas, d'après les analogies, destinées à l'acquérir, etc. La raison garde donc toute sa liberté ; tout en voyant dans la réalité morale quelque chose de sacré qui établit une solution de continuité entre la morale et les techniques économiques, industrielles, etc., avec lesquelles l'utilitarisme courant tend à se confondre...

La science dont je parle, ce n'est pas la sociologie d'une manière générale, et je ne veux pas dire que des recherches sur la structure des sociétés, leur organisation économique, politique, etc., on puisse déduire des applications morales. La seule science qui puisse fournir les moyens de procéder à ces jugements sur les choses morales, c'est la science spéciale des faits moraux. Pour apprécier la morale, il faut que nous partions de données empruntées à la réalité morale tant du présent que du passé. Assurément cette science des faits moraux est, j'en suis convaincu, une science sociologique, mais c'est une branche très particulière de la sociologie. Le caractère *sui generis* que j'ai reconnu au moral ne permet pas d'admettre qu'il puisse être déduit de ce qui n'est pas lui. Assurément les faits moraux sont en rapport avec les autres faits sociaux et il ne saurait être question de les en abstraire, mais ils forment, dans la vie sociale, une sphère distincte et les spéculations pratiques qui se rapportent à cette sphère ne peuvent être inférées que de spéculations théoriques qui se rapportent également à ce même ordre de faits.

M. Brunschwig ayant proposé de définir le progrès de la civilisation comme consistant en ce qu'il permet « aux libertés individuelles d'exercer de plus en plus largement leur droit de « reprise » sur la structure matérielle des sociétés », M. Durkheim répond :

Cette expression de *reprise* me paraît très inexacte ; ce n'est pas d'une reprise qu'il s'agit, mais d'une conquête faite grâce à la société. Ces droits et ces libertés ne sont pas choses inhérentes à la nature de l'individu comme tel. Analysez la constitution empirique de l'homme, et vous n'y trouverez rien de ce caractère sacré dont il est actuellement investi et qui lui confère des droits. Ce caractère lui a été surajouté par la société. C'est elle qui a consacré l'individu ; c'est elle qui en fait la chose respectable par excellence. L'émancipation progressive de l'individu n'implique donc pas un affaiblissement, mais une transformation du lien social. L'individu ne s'arrache pas à la société ; il se rattache à elle d'une autre façon qu'autrefois, et cela parce qu'elle le conçoit et le veut autrement qu'elle ne le concevait autrefois.

L'individu se soumet à la société et cette soumission est la condition de sa libération. Se libérer, pour l'homme, c'est s'affranchir des forces physiques, aveugles, inintelligentes ; mais il n'y peut arriver qu'en opposant à ces forces une grande puissance intelligente, à l'abri de laquelle il se place : c'est la société. En se mettant à son ombre, il se met, dans une certaine mesure, sous sa dépendance ; mais cette dépendance est libératrice. Il n'y a pas là de contradiction.

IV. — L'autorité morale de la collectivité (1)

Je n'ai pas dit que l'autorité morale de la société lui venait de son rôle comme législatrice morale ; ce qui serait absurde. J'ai dit tout le contraire, à savoir qu'elle était qualifiée pour jouer ce rôle de législatrice parce qu'elle était investie, à nos yeux, d'une autorité morale bien fondée. Le mot d'autorité morale s'oppose à celui d'autorité matérielle, de suprématie physique. Une autorité morale, c'est une réalité psychique, une conscience, mais plus haute et plus riche que la nôtre et dont nous sentons que la nôtre dépend. J'ai montré comment la société présente ce caractère parce qu'elle est la source et le lieu de tous les biens intellectuels qui constituent la civilisation. C'est de la société que nous vient tout l'essentiel de notre vie mentale. Notre raison individuelle est et vaut ce que vaut cette raison collective et impersonnelle qu'est la science, qui est une chose sociale au premier chef et par la manière dont elle se fait et par la manière dont elle se conserve. Nos facultés esthétiques, la finesse de notre goût dépendent de ce qu'est l'art, chose sociale au même titre. C'est à la société que nous devons notre empire sur les choses qui fait partie de notre grandeur. C'est elle

(1) En réponse à une observation de M. Malapert.

qui nous affranchit de la nature. N'est-il pas naturel dès lors que nous nous la représentions comme un être psychique supérieur à celui que nous sommes et d'où ce dernier émane ? Par suite, on s'explique que, quand elle réclame de nous ces sacrifices petits ou grands qui forment la trame de la vie morale, nous nous inclinions devant elle avec déférence.

Le croyant s'incline devant Dieu, parce que c'est de Dieu qu'il croit tenir l'être, et particulièrement son être mental, son âme. Nous avons les mêmes raisons d'éprouver ce sentiment pour la collectivité.

Je ne sais pas ce que c'est qu'une perfection idéale et absolue, je ne vous demande donc pas de concevoir la société comme idéalement parfaite. Je ne lui attribue même pas une perfection relative pas plus qu'à nous ; tout cela est en dehors de la question. Elle a ses petitesses, mais aussi ses grandeurs. Pour l'aimer et pour la respecter, il n'est pas nécessaire que nous nous la représentions autrement qu'elle n'est. Si nous ne pouvions aimer et respecter que ce qui est *idéalement parfait*, à supposer que ce mot ait un sens défini, Dieu lui-même ne pourrait être l'objet d'un tel sentiment ; car c'est de lui que vient le monde, et le monde est plein d'imperfection et de laideur.

Il est vrai qu'il est assez d'usage de parler dédaigneusement de la société. On ne voit en elle que la police bourgeoise avec le gendarme qui la protège. C'est passer à côté de la réalité morale la plus riche et la plus complexe qu'il nous soit permis d'observer empiriquement, sans même l'apercevoir.

Il est certain que, au regard de notre conscience

morale actuelle, la moralité pleine, entière, aussi complète que nous pouvons la concevoir, suppose que, au moment où nous nous conformons à une règle morale, non seulement nous voulons nous y conformer, mais encore nous voulons la règle elle-même : ce qui n'est possible que si nous apercevons les raisons qui justifient la règle et si nous les jugeons fondées. Seulement, il faut bien reconnaître que c'est là une limite idéale dont, en fait, nous sommes infiniment éloignés, quelque conception que nous nous fassions de la morale. Nous ignorons actuellement, — et cet aveu d'ignorance vaudrait beaucoup mieux dans nos classes que les explications simplistes et souvent puériles avec lesquelles on a trop souvent trompé la curiosité des enfants — nous ignorons entièrement, je ne dis pas seulement les causes historiques, mais les raisons téléologiques qui justifient actuellement la plupart de nos institutions morales. Quand on sort des discussions abstraites où s'attardent trop souvent les théories de la morale, comment ne pas sentir qu'il est impossible de comprendre le pourquoi de la famille, du mariage, du droit de propriété, etc., soit sous leurs formes actuelles, soit sous les formes nouvelles que ces institutions sont appelées à prendre, sans tenir compte de toute cette ambiance sociale dont l'étude est à peine commencée ? Donc sur ce point, toutes les écoles sont logées à la même enseigne. Il y a là un *desideratum* de la conscience morale, que je suis loin de méconnaître, mais que nous sommes tous, tant que nous sommes, hors d'état de satisfaire présentement, au moins d'une manière un peu pertinente. La méthode que j'emploie ne me met aucunement, sur ce point, dans un état d'infériorité, à moins qu'on ne considère comme un avantage de fermer les yeux sur les difficultés du problème. Je crois même que, seule elle permet de le résoudre progressivement.

V. — La philosophie et les faits moraux (1)

Vous me posez en somme une double question : Vous me demandez : 1° Pourquoi j'écarte les théories des philosophes ; 2° Où je vais chercher les faits moraux dont j'entends faire l'étude. Je réponds d'abord à la première question.

La comparaison que vous faites entre le philosophe moraliste, d'une part, le physicien ou l'astronome de l'autre, comparaison sur laquelle repose toute votre argumentation, me paraît tout à fait erronée. Sans doute, si je voulais me renseigner sur les choses de l'astronomie, c'est à un astronome, et non au vulgaire ignorant que je m'adresserais. Mais c'est que l'astronomie est une science dont le rôle, dont toute la raison d'être est d'exprimer adéquatement, objectivement, la réalité astronomique. Tout autre est l'objet qu'a poursuivi de tout temps la spéculation morale des philosophes. Jamais elle ne s'est donné pour but de traduire fidèlement, sans y rien ajouter, sans en rien retrancher, une réalité morale déterminée. L'ambition des philosophes a bien plutôt été de construire une morale nouvelle, différente, parfois sur des points essentiels, de celle que suivaient

(1) En réponse à une observation de M. Weber.

leurs contemporains ou qu'avaient suivie leurs devanciers. Ils ont été plutôt des révolutionnaires et des iconoclastes. Or le problème que je me pose est de savoir en quoi consiste ou a consisté la morale, non telle que la conçoit ou l'a conçue telle individualité philosophique, mais telle qu'elle a été vécue par les collectivités humaines. De ce point de vue, les doctrines des philosophes perdent beaucoup de leur valeur.

Si la *physique des mœurs et du droit*, telle que nous essayons de la faire, était suffisamment avancée, elle pourrait jouer, par rapport aux faits moraux, le même rôle que l'astronomie par rapport aux choses économiques ; c'est à elle qu'il conviendrait de s'adresser pour savoir ce que c'est que la vie morale. Mais cette science de la morale est seulement en train de naître et les théories des philosophes en tiennent si peu lieu, elles sont si loin de se proposer le même objet qu'elles s'opposent, au contraire, avec une sorte d'unanimité à cette manière d'entendre et de traiter les faits moraux. Elles ne peuvent donc rendre le même service.

D'ailleurs, on se méprendrait si l'on croyait que je les exclus systématiquement ; je leur dénie seulement cette espèce de prérogative et de primauté qu'on leur a trop souvent accordée. Elles aussi sont des faits, et instructifs ; elles aussi nous renseignent sur ce qui se passe dans la conscience morale d'une époque ; il y a donc lieu d'en tenir compte. Ce que je me refuse à admettre, c'est qu'elles expriment d'une manière particulièrement éminente la vérité morale comme la physique ou la chimie expriment la vérité pour les faits de l'ordre physico-chimique.

Cette opposition que vous établissez entre le fait moral et le fait religieux me paraît inadmissible. Il n'est guère de rite, si matériel soit-il, qui ne soit accompagné de quelque système, plus ou moins bien organisé, de représentations destinées à l'expliquer, à le justifier ; car l'homme a besoin de comprendre ce qu'il fait, tout en se contentant parfois à peu de frais. C'est souvent la raison d'être des mythes. Si donc vous admettez que le fait religieux peut être atteint en dehors des théories qui essayent de l'expliquer, pourquoi en serait-il autrement du fait moral ?

D'ailleurs, je ne pense pas que vous puissiez songer à nier qu'il existe et qu'il a toujours existé une réalité morale en dehors des consciences de philosophes qui cherchent à l'exprimer. Cette morale, nous la pratiquons tous, sans nous soucier le plus souvent des raisons que donnent les philosophes pour la justifier. La preuve en est dans l'embarras où nous serions le plus souvent si l'on nous demandait une justification solide et rationnelle des règles morales que nous observons.

Reste à savoir comment, par quels procédés il est possible d'atteindre cette réalité morale. C'est une question certainement délicate, mais qui n'a rien d'insoluble. Il y a tout d'abord un nombre considérable d'idées et de maximes morales qui sont facilement accessibles : ce sont celles qui ont pris une forme écrite, qui se sont condensées en formules juridiques. Dans le droit, la plus grande partie de la morale domestique, de la morale contractuelle, de la morale des obligations, toutes les idées relatives aux grands devoirs fondamentaux viennent se traduire et se refléter. Il y a là déjà une ample matière d'observations qui suffit largement, et pour longtemps, à nos ambitions scientifiques. Quand nous aurons un peu défriché ce terrain, encore peu exploré, nous passerons à un autre. Je ne conteste pas, d'ailleurs, qu'il y ait des devoirs, des idées morales qui ne viennent pas s'inscrire dans la loi ; mais nous pouvons les atteindre par d'autres moyens. Les proverbes, les maximes populaires, les usages non codifiés sont autant de sources d'informations. Les œuvres littéraires, les conceptions des philosophes, des moralistes (vous voyez que je ne les exclus pas) nous renseignent sur les aspirations qui sont seulement en train de se chercher, et nous permettent de descendre plus bas dans l'analyse de la conscience commune, jusque dans ces fonds où s'élaborent les courants obscurs et encore imparfaitement conscients d'eux-mêmes. Et sans doute, on peut trouver que ce sont là des procédés un peu gros qui n'atteignent pas toutes les finesses et toutes les nuances de la réalité morale ; mais toute science en est là quand elle débute. Il faut d'abord tailler, un peu à coups de hache, quelques larges avenues qui appellent quelque lumière dans cette forêt vierge des faits moraux et, plus généralement, des faits sociaux.

VI. — La représentation subjective de la morale (1)

Dès le début, j'ai dit qu'il fallait distinguer deux aspects également vrais de la moralité :

1° D'une part, la morale objective, consistant en un ensemble de règles et formant la morale du groupe ;

2° La façon, toute subjective, dont chaque conscience individuelle se représente cette morale.

En effet, bien qu'il y ait une morale du groupe, commune à tous les hommes qui le composent, chaque homme a sa morale à soi : même là où le conformisme est le plus complet, chaque individu se fait en partie sa morale. Il y a en chacun de nous une vie morale intérieure, et il n'est pas de conscience individuelle qui traduise exactement la conscience morale commune, qui ne lui soit partiellement inadéquate. A ce point de vue, comme je l'ai déjà indiqué, chacun de nous est immoral par certains côtés. Je suis donc loin de nier l'existence de cette vie morale intérieure ; je ne conteste même pas qu'on puisse l'étudier avec succès ; mais ce champ d'études est en dehors de nos recherches ; je le laisse volontairement de côté, au moins pour l'instant.

(1) En réponse à une observation de M. Rauh.

C'est lui cependant que M. Rauh vient d'aborder et de l'observation de quelques consciences morales individuelles il arrive à une conclusion qui me paraît bien contestable. Il part du fait suivant : en observant la façon dont agissent certains individus (les savants, les artistes), il constate qu'ils considèrent certains des devoirs auxquels ils obéissent comme absolument extra-sociaux. De là, M. Rauh conclut qu'il y a vraiment des devoirs indépendants de la vie collective et qui naîtraient directement des rapports de l'homme avec le monde. Mais, tout d'abord, je ne vois pas pourquoi M. Rauh emprunte ses exemples au milieu spécial des savants et des artistes. En réalité, cette manière de voir est la plus générale. Il n'y a qu'un petit nombre d'individus qui sentent que leurs devoirs sont d'origine sociale. La plupart s'en font une tout autre représentation, et de là viennent les résistances que rencontre l'idée que j'ai exposée.

Reste maintenant à savoir si cette représentation n'est pas une illusion. M. Rauh a entrepris de démontrer qu'une explication sociologique de ces devoirs est impossible. Je ne discuterai pas en détail cette démonstration parce qu'elle me paraît aller contre ce principe bien connu qu'il n'y a pas d'expérience négative. Je conçois qu'on puisse prouver qu'une explication proposée est erronée. Mais je conçois difficilement qu'on puisse ainsi opposer une fin de non recevoir *a priori* à une explication qui n'est pas donnée, déclarer qu'elle est impossible sous quelque forme que ce soit.

Chapitre IV

JUGEMENTS DE VALEUR ET JUGEMENTS DE RÉALITÉ (1)

En soumettant au Congrès ce thème de discussion, je me suis proposé un double but : d'abord, montrer sur un exemple particulier comment la sociologie peut aider à résoudre un problème philosophique ; ensuite, dissiper certains préjugés dont la sociologie, dite positive, est trop souvent l'objet.

Quand nous disons que les corps sont pesants, que le volume des gaz varie en raison inverse de la pression qu'ils subissent, nous formulons des jugements qui se bornent à exprimer des faits donnés. Ils énoncent ce qui est et, pour cette raison, on les appelle jugements d'existence ou de réalité.

D'autres jugements ont pour objet de dire non ce que sont les choses, mais ce qu'elles valent par rapport à un sujet conscient, le prix que ce dernier y attache : on leur donne le nom de jugements de valeur. On

(1) Communication faite au *Congrès international de Philosophie* de Bologne, à la séance générale du 6 avril, publiée dans un numéro exceptionnel de la *Revue de Métaphysique et de Morale* du 3 juillet 1911.

étend même parfois cette dénomination à tout jugement qui énonce une estimation, quelle qu'elle puisse être. Mais cette extension peut donner lieu à des confusions qu'il importe de prévenir.

Quand je dis : *j'aime la chasse*, *je préfère la bière au vin*, *la vie active au repos*, etc., j'émets des jugements qui peuvent paraître exprimer des estimations, mais qui sont, au fond, de simples jugements de réalité. Ils disent uniquement de quelle façon nous nous comportons vis-à-vis de certains objets ; que nous aimons ceux-ci, que nous préférons ceux-là. Ces préférences sont des faits aussi bien que la pesanteur des corps ou que l'élasticité des gaz. De semblables jugements n'ont donc pour fonction d'attribuer aux choses une valeur qui leur appartienne, mais seulement d'affirmer des états déterminés du sujet. Aussi les prédilections qui sont ainsi exprimées sont-elles incommunicables. Ceux qui les éprouvent peuvent bien dire qu'ils les éprouvent ou, tout au moins, qu'ils croient les éprouver ; mais ils ne peuvent les transmettre à autrui. Elles tiennent à leurs personnes et n'en peuvent être détachées.

Il en va tout autrement quand je dis : cet homme *a* une haute valeur morale ; ce tableau *a* une grande valeur esthétique ; ce bijou *vaut* tant. Dans tous ces cas, j'attribue aux êtres ou aux choses dont il s'agit un caractère objectif, tout à fait indépendant de la manière dont je le sens au moment où je me prononce. Personnellement, je puis n'attacher aux bijoux aucun prix ; leur valeur n'en reste pas moins ce qu'elle est au moment considéré. Je puis, comme homme, n'avoir qu'une médiocre moralité ; cela ne m'empêche pas de reconnaître la valeur morale là où elle est. Je puis être, par tempérament, peu sensible aux joies de l'art ; ce n'est pas une raison pour que je nie qu'il y ait des valeurs esthétiques. Toutes ces valeurs existent donc, en un sens, en dehors de moi. Aussi, quand nous sommes en désaccord avec autrui sur la manière de les concevoir et de les estimer, tentons-nous de lui communiquer nos convictions. Nous ne nous contentons pas de les affirmer ; nous cherchons à les démontrer en donnant, à l'appui de nos affirmations, des raisons d'ordre impersonnel. Nous admettons donc implicitement que ces jugements correspondent à quelque réalité objective sur laquelle l'entente peut et doit se faire. Ce sont ces réalités *sui generis* qui constituent des valeurs et les jugements de valeur sont ceux qui se rapportent à ces réalités.

Nous voudrions rechercher comment ces sortes de jugements sont possibles. On voit, par ce qui précède, comment se pose la question. D'une part, toute valeur suppose l'appréciation d'un sujet, en rapport défini avec une sensibilité déterminée. Ce qui a de la valeur est bon à quelque titre ; ce qui est bon est désirable ; tout désir est un état intérieur. Et pourtant les valeurs dont il vient d'être question ont la même objectivité que des choses. Comment ces deux caractères, qui, au premier abord, semblent contradictoires, peuvent-ils se concilier ? Comment un état de sentiment peut-il être indépendant du sujet qui l'éprouve ?

Deux solutions contraires ont été données à ce problème.

I

Pour nombre de penseurs, qui se recrutent, d'ailleurs, dans des milieux assez hétérogènes, la différence entre ces deux espèces de jugements est purement apparente. La valeur, dit-on, tient essentiellement à quelque caractère constitutif de la chose à laquelle elle est attribuée, et le jugement de valeur ne ferait qu'exprimer la manière dont ce caractère agit sur le sujet qui juge. Si cette action est favorable, la valeur est positive ; elle est négative, dans le cas contraire. Si la vie a de la valeur pour l'homme, c'est que l'homme est un être vivant et qu'il est dans la nature du vivant de vivre. Si le blé a de la valeur, c'est qu'il sert à l'alimentation et entretient la vie. Si la justice est une vertu, c'est parce qu'elle respecte les nécessités vitales ; l'homicide est un crime pour la raison opposée. En somme, la valeur d'une chose serait simplement la constatation des effets qu'elle produit en raison de ses propriétés intrinsèques.

Mais quel est le sujet par rapport auquel la valeur des choses est et doit être estimée ?

Sera-ce l'individu ? Comment expliquer alors qu'il puisse exister un système de valeurs objectives, reconnues par tous les hommes, au moins par tous les hommes d'une même civilisation ? Ce qui fait la valeur de ce point de vue, c'est l'effet de la chose sur la sensibilité : or, on sait combien est grande la diversité des sensibilités individuelles. Ce qui plaît aux uns répugne aux autres. La vie elle-même n'est pas voulue par tous, puisqu'il y a des hommes qui s'en défont, soit par dégoût, soit par devoir. Surtout, quel désaccord dans la manière de l'entendre ! Celui-ci la veut intense : celui-là met sa joie à la réduire et à la simplifier. Cette objection a été trop souvent faite aux morales utilitaires pour qu'il ait lieu de la développer ; nous remarquons seulement qu'elle s'applique également à toute théorie qui prétend expliquer, par des causes purement psychologiques, les valeurs économiques, esthétiques ou spéculatives. Dira-t-on qu'il y a un type moyen qui se retrouve dans la plupart des individus et que l'estimation objective des choses exprime la façon dont elles agissent sur l'individu moyen ? Mais l'écart est énorme entre la manière dont les valeurs sont, en fait, estimées par l'individu ordinaire et cette échelle objective des valeurs humaines sur laquelle doivent, en principe, se régler nos jugements. La conscience morale moyenne est médiocre ; elle ne sent que faiblement les devoirs même usuels et, par suite, les valeurs morales correspondantes ; il en est même pour lesquelles elle est frappée d'une sorte de cécité. Ce n'est donc pas elle qui peut nous fournir l'étalon de la moralité. A plus forte raison en est-il ainsi des valeurs esthétiques qui sont lettre morte pour le plus grand nombre. Pour ce qui concerne les valeurs économiques, la distance, dans certains cas, est peut-être moins considérable. Cependant, ce n'est évidemment pas la manière dont les propriétés physiques du diamant ou de la perle agissent sur la généralité de nos contemporains qui peut servir à en déterminer la valeur actuelle.

Il y a, d'ailleurs, une autre raison qui ne permet

pas de confondre l'estimation objective et l'estimation moyenne : c'est que les réactions de l'individu moyen restent des réactions individuelles. Parce qu'un état se trouve dans un grand nombre de sujets, il n'est pas, pour cela, objectif. De ce que nous sommes plusieurs à apprécier une chose de la même manière, il ne suit pas que cette appréciation nous soit imposée par quelque réalité extérieure. Cette rencontre peut être due à des causes toutes subjectives, notamment à une suffisante homogénéité des tempéraments individuels. Entre ces deux propositions. *J'aime ceci* et *Nous sommes un certain nombre à aimer ceci*, il n'y a pas de différence essentielle.

On a cru pouvoir échapper à ces difficultés en substituant la société à l'individu. Tout comme dans la thèse précédente, on maintient que la valeur tient essentiellement à quelque élément intégrant de la chose. Mais c'est la manière dont la chose affecterait le sujet collectif, et non plus le sujet individuel, qui en ferait la valeur. L'estimation serait objective par cela seul qu'elle serait collective.

Cette explication a sur la précédente d'incontestables avantages. En effet, le jugement social est objectif par rapport aux jugements individuels ; l'échelle des valeurs se trouve ainsi soustraite aux appréciations subjectives et variables des individus : ceux-ci trouvent en dehors d'eux une classification tout établie, qui n'est pas leur œuvre, qui exprime tout autre chose que leurs sentiments personnels et à laquelle ils sont tenus de se conformer. Car l'opinion publique tient de ses origines une autorité morale en vertu de laquelle elle s'impose aux particuliers. Elle résiste aux efforts qui sont faits pour lui faire violence ; elle réagit contre les dissidents tout comme le monde extérieur réagit douloureusement contre ceux qui tentent de se rebeller contre lui. Elle blâme ceux qui jugent des choses morales d'après des principes différents de ceux qu'elle prescrit ; elle ridiculise ceux qui s'inspirent d'une autre esthétique que la sienne. Quiconque essaie d'avoir une chose à un prix inférieur à sa valeur se heurte à des résistances comparables à celles que nous opposent les corps quand nous méconnaissons leur nature. Ainsi peut s'expliquer l'espèce de nécessité que nous subissons et dont nous avons conscience quand nous émettons des jugements de valeurs. Nous sentons bien que nous ne sommes pas maîtres de nos appréciations ; que nous sommes liés et contraints. C'est la conscience publique qui nous lie. Il est vrai que cet aspect des jugements de valeurs n'est pas le seul ; il en est un autre qui est presque l'opposé du premier. Ces mêmes valeurs qui, par certains côtés, nous font l'effet de réalités qui s'imposent à nous, nous apparaissent en même temps comme des choses désirables que nous aimons et voulons spontanément. Mais c'est que la société, en même temps qu'elle est la législatrice à laquelle nous devons le respect, est la créatrice et la dépositaire de tous ces biens de la civilisation auxquels nous sommes attachés de toutes les forces de notre âme. Elle est bonne et secourable en même temps qu'impérative. Tout ce qui accroît sa vitalité relève la nôtre. Il n'est donc pas surprenant que nous tenions à tout ce à quoi elle tient.

Mais, ainsi comprise, une théorie sociologique des valeurs soulève à son tour de graves difficultés qui, d'ailleurs, ne lui sont pas spéciales ; car elles peuvent être également objectées à la théorie psychologique dont il était précédemment question.

Il existe des types différents de valeurs. Autre chose est la valeur économique, autre chose, les valeurs morales, religieuses, esthétiques, spéculatives. Les tentatives si souvent faites en vue de réduire les unes aux autres les idées de bien, de beau, de vrai et d'utile sont toujours restées vaines. Or, si ce qui fait la valeur, c'est uniquement la manière dont les choses affectent le fonctionnement de la vie sociale, la diversité des valeurs devient difficilement explicable. Si c'est la même cause qui est partout agissante, d'où vient que les effets sont spécifiquement différents ?

D'autre part, si vraiment la valeur des choses se mesurait d'après le degré de leur utilité sociale (ou individuelle), le système des valeurs humaines devrait être revisé et bouleversé de fond en comble ; car la place qui y est faite aux valeurs de luxe serait, de ce point de vue, incompréhensible et injustifiable. Par définition, ce qui est superflu n'est pas, ou est moins utile que ce qui est nécessaire. Ce qui est surérogatoire peut manquer sans gêner gravement le jeu des fonctions vitales. En un mot, les valeurs de luxe sont dispendieuses par nature ; elles coûtent plus qu'elles ne rapportent. Aussi se rencontre-t-il des doctrinaires qui les regardent d'un œil défiant et qui s'efforcent de les réduire à la portion congrue. Mais, en fait, il n'en est pas qui aient plus de prix aux yeux des hommes. L'art tout entier est chose de luxe ; l'activité esthétique ne se subordonne à aucune fin utile ; elle se déploie pour le seul plaisir de se déployer. De même la pure spéculation, c'est la pensée affranchie de toute fin utilitaire et s'exerçant dans le seul but de s'exercer. Qui peut contester pourtant que, de tout temps, l'humanité a mis les valeurs artistiques et spéculatives bien au-dessus des valeurs économiques ? Tout comme la vie intellectuelle, la vie morale a son esthétique qui lui est propre. Les vertus les plus hautes ne consistent pas dans l'accomplissement régulier et strict des actes le plus immédiatement nécessaires au bon ordre social ; mais elles sont faites de mouvements libres et spontanés, de sacrifices que rien ne nécessite et qui même sont parfois contraires aux préceptes d'une sage économie. Il y a des vertus qui sont des folies, et c'est leur folie qui fait leur grandeur. Spencer a pu démontrer que la philanthropie est souvent contraire à l'intérêt bien entendu de la société ; sa démonstration n'empêchera pas les hommes de mettre très haut dans leur estime la vertu qu'il condamne. La vie économique elle-même ne s'astreint pas étroitement à la règle de l'économie. Si les choses de luxe sont celles qui coûtent le plus cher, ce n'est pas seulement parce qu'en général elles sont les plus rares ; c'est aussi parce qu'elles sont les plus estimées. C'est que la vie, telle que l'ont conçue les hommes de tous les temps, ne consiste pas simplement à établir exactement le budget de l'organisme individuel ou social, à répondre, avec le moins de frais possible, aux excitations venues du dehors, à bien proportionner les dépenses aux réparations. Vivre, c'est, avant tout, agir, agir sans compter, pour le plaisir d'agir. Et si, de toute évidence, on ne peut se passer d'économie, s'il faut amasser pour pouvoir dépenser, c'est pourtant la dépense qui est le but ; et la dépense, c'est l'action.

Mais allons plus loin et remontons jusqu'au principe fondamental sur lequel reposent toutes ces théories. Toutes supposent également que la valeur est dans les choses et exprime leur nature. Or ce postulat est contraire aux faits. Il y a nombre de cas où il n'existe, pour ainsi dire, aucun rapport entre les propriétés de l'objet et de la valeur qui lui est attribuée.

Une idole est une chose très sainte et la sainteté est la valeur la plus élevée que les hommes aient jamais reconnue. Or une idole n'est très souvent qu'une masse de pierres ou une pièce de bois qui, par elle-même, est dénuée de toute espèce de valeur. Il n'est pas d'être, si humble soit-il, pas d'objet vulgaire qui, à un moment donné de l'histoire, n'ait inspiré des sentiments de respect religieux. On a adoré les animaux les plus inutiles ou les plus inoffensifs, les plus pauvres en vertus de toute sorte. La conception courante d'après laquelle les choses auxquelles s'est adressé le culte ont toujours été celles qui frappaient le plus l'imagination des hommes est contredite par l'histoire. La valeur incomparable qui leur était attribuée ne tenait donc pas à leurs caractères intrinsèques. Il n'est pas de foi un peu vive, si laïque soit-elle, qui n'ait ses fétiches où la même disproportion éclate. Un drapeau n'est qu'un morceau d'étoffe ; le soldat, cependant, se fait tuer pour sauver son drapeau. La vie morale n'est pas moins riche en contrastes de ce genre. Entre l'homme et l'animal il n'y a, au point de vue anatomique, physiologique et psychologique que des différences de degrés ; et pourtant l'homme a une éminente dignité morale, l'animal n'en a aucune. Sous le rapport des valeurs, il y a donc entre eux un abîme. Les hommes sont inégaux en force physique comme en talents ; et cependant nous tendons à leur reconnaître à tous une égale valeur morale. Sans doute, l'égalitarisme moral est une limite idéale qui ne sera jamais atteinte, mais nous nous en rapprochons toujours davantage. Un timbre-poste n'est qu'un mince carré de papier dépourvu, le plus souvent, de tout caractère artistique ; il peut néanmoins valoir une fortune. Ce n'est évidemment pas la nature interne de la perle ou du diamant, des fourrures ou des dentelles qui fait que la valeur de ces différents objets de toilette varie avec les caprices de la mode.

II

Mais si la valeur n'est pas dans les choses, si elle ne tient pas essentiellement à quelque caractère de la réalité empirique, ne s'ensuit-il pas qu'elle a sa source en dehors du donné et de l'expérience ? Telle est, en effet, la thèse qu'ont soutenue, plus ou moins explicitement, toute une lignée de penseurs dont la doctrine, par delà Ritschl, remonte jusqu'au moralisme kantien. On accorde à l'homme une faculté *sui generis* de dépasser l'expérience, de se représenter autre chose que ce qui est, en un mot de poser des idéaux. Cette faculté représentative on la conçoit, ici sous une forme plus intellectualiste, là plus sentimentale, mais toujours comme nettement distincte de celle que la science met en œuvre. Il y aurait donc une manière de penser le réel, et une autre, très différente, pour l'idéal ; et c'est par rapport aux idéaux ainsi posés que serait estimée la valeur des choses. On dit qu'elles ont de la valeur quand elles expriment, reflètent, à un titre quelconque, un aspect de l'idéal, et qu'elles ont plus ou moins de valeur selon l'idéal qu'elles incarnent et selon ce qu'elles en recèlent.

Ainsi, tandis que, dans les théories précédentes, les jugements de valeur nous étaient présentés comme une autre forme des jugements de réalité, ici, l'hétérogénéité des uns et des autres est radicale : les objets sur lesquels ils portent sont différents comme les facultés qu'ils supposent. Les objections que nous faisions à la première explication ne sauraient donc s'appliquer à celle-ci. On comprend sans peine que la valeur soit, dans une certaine mesure, indépendante de la nature des choses, si elle dépend de causes qui sont extérieures à ces dernières. En même temps, la place privilégiée qui a toujours été faite aux valeurs de luxe devient facile à justifier. C'est que l'idéal n'est pas au service du réel ; il est là pour lui-même ; ce ne sont donc pas les intérêts de la réalité qui peuvent lui servir de mesure.

Seulement, la valeur qui est ainsi attribuée à l'idéal,

si elle explique le reste, ne s'explique pas elle-même. On la postule, mais on n'en rend pas compte et on ne peut pas en rendre compte. Comment, en effet, serait-ce possible ? Si l'idéal ne dépend pas du réel, il ne saurait y avoir dans le réel les causes et les conditions qui le rendent intelligible. Mais, en dehors du réel, où trouver la matière nécessaire à une explication quelconque ? Il y a, au fond, quelque chose de profondément empiriste dans un idéalisme ainsi entendu. Sans doute, c'est un fait que les hommes aiment une beauté, une bonté, une vérité qui ne sont jamais réalisées d'une manière adéquate dans les faits. Mais cela même n'est qu'un fait que l'on érige, sans raison, en une sorte d'absolu au delà duquel on s'interdit de remonter. Encore faudrait-il faire voir d'où vient que nous avons, à la fois, le besoin et le moyen de dépasser le réel, de surajouter au monde sensible un monde différent dont les meilleurs d'entre nous font leur véritable patrie.

A cette question, l'hypothèse théologique apporte un semblant de réponse. On suppose que le monde des idéaux est réel, qu'il existe objectivement, mais d'une existence supra-expérimentale, et que la réalité empirique dont nous faisons partie en vient et en dépend. Nous serions donc attachés à l'idéal comme à la source même de notre être. Mais, outre les difficultés connues que soulève cette conception, quand on hypostasie ainsi l'idéal, du même coup on l'immobilise et on se retire tout moyen d'en expliquer l'infinie variabilité. Nous savons aujourd'hui que non seulement l'idéal varie selon les groupes humains, mais qu'il doit varier ; celui des Romains n'était pas le nôtre et ne devait pas être le nôtre, et l'échelle des valeurs change parallèlement. Ces variations ne sont pas le produit de l'aveuglement humain ; elles sont fondées dans la nature des choses. Comment les expliquer, si l'idéal exprime une réalité une et inconcussible ? Il faudrait donc admettre que Dieu, lui aussi, varie dans l'espace comme dans le temps, et à quoi pourrait tenir cette surprenante diversité ? Le devenir divin ne serait intelligible que si Dieu lui-même avait pour tâche de réaliser un idéal qui le dépasse, et le problème, alors, ne serait que déplacé.

De quel droit, d'ailleurs, met-on l'idéal en dehors de la nature et de la science ? C'est dans la nature qu'il se manifeste ; il faut donc bien qu'il dépende de causes naturelles. Pour qu'il soit autre chose qu'un simple possible, conçu par les esprits, il faut qu'il soit voulu et, par suite, qu'il ait une force capable de mouvoir nos volontés. Ce sont elles qui, seules, peuvent en faire une réalité vivante. Mais puisque cette force vient finalement se traduire en mouvements musculaires. elle ne saurait différer essentiellement des autres forces de l'univers. Pourquoi donc serait-il impossible de l'analyser, de la résoudre en ses éléments, de chercher les causes qui ont déterminé la synthèse dont elle est la résultante ? Il est même des cas où il est possible de la mesurer. Chaque groupe humain, à chaque moment de son histoire, a, pour la dignité humaine, un sentiment de respect d'une intensité donnée. C'est ce sentiment, variable suivant les peuples et les époques, qui est à la racine de l'idéal moral des sociétés contemporaines. Or, suivant qu'il est plus ou moins intense, le nombre des attentats contre la personne est plus ou moins élevé. De même, le nombre des adultères, des divorces, des séparations de corps exprime la force relative avec laquelle l'idéal conjugal s'impose aux consciences particulières. Sans doute, ces mesures sont grossières ; mais est-il des forces physiques qui puissent être mesurées autrement que d'une manière grossièrement approximative ? Sous ce rapport encore, il ne peut y avoir entre les unes et les autres que des différences de degrés.

Mais il y a surtout un ordre de valeurs qui ne sauraient être détachées de l'expérience sans perdre toute signification : ce sont les valeurs économiques. Tout le monde sent bien qu'elles n'expriment rien de l'au-delà et n'impliquent aucune faculté supra-expérimentale. Il est vrai que, pour cette raison, Kant se refuse à y voir des valeurs véritables : il tend à réserver cette qualification aux seules choses morales (1). Mais cette exclusion est injustifiée. Certes, il y a des types différents de valeurs, mais ce sont des espèces d'un même genre. Toutes correspondent à une estimation des choses, quoique l'estimation soit faite, suivant les cas, de points de vue différents. Le progrès qu'a fait, dans les temps récents, la théorie de la valeur est précisément d'avoir bien établi la généralité et l'unité de la notion. Mais alors, si toutes les sortes de valeurs

(1) Il dit que les choses économiques ont un prix (*einen Preis, einen Marktpreis*), non une valeur interne (*einen inneren Werth*). V. édition Hartenstein, t. VII, p. 270-271 et 614.

sont parentes, et si certaines d'entre elles tiennent aussi étroitement à notre vie empirique, les autres n'en sauraient être indépendantes.

III

En résumé, s'il est vrai que la valeur des choses ne peut être et n'a jamais été estimée que par rapport à certaines notions idéales, celles-ci ont besoin d'être expliquées. Pour comprendre comment des jugements de valeur sont possibles, il ne suffit pas de postuler un certain nombre d'idéaux ; il faut en rendre compte, il faut faire voir d'où ils viennent, comment ils se relient à l'expérience tout en la dépassant et en quoi consiste leur objectivité.

Puisqu'ils varient avec les groupes humains ainsi que les systèmes de valeurs correspondants, ne s'ensuit-il pas que les uns et les autres doivent être d'origine collective ? Il est vrai que nous avons précédemment exposé une théorie sociologique des valeurs dont nous avons montré l'insuffisance ; mais c'est qu'elle reposait sur une conception de la vie sociale qui en méconnaissait la nature véritable. La société y était présentée comme un système d'organes et de fonctions qui tend à se maintenir contre les causes de destruction qui l'assaillent du dehors, comme un corps vivant dont toute la vie consiste à répondre d'une manière appropriée aux excitations venues du milieu externe. Or, en fait, elle est, de plus, le foyer d'une vie morale interne dont on n'a pas toujours reconnu la puissance et l'originalité.

Quand les consciences individuelles, au lieu de rester séparées les unes des autres, entrent étroitement en rapports, agissent activement les unes sur les autres, il se dégage de leur synthèse une vie psychique d'un genre nouveau. Elle se distingue d'abord, de celle que mène l'individu solitaire, par sa particulière intensité. Les sentiments qui naissent et se développent au sein des groupes ont une énergie à laquelle n'atteignent pas les sentiments purement individuels. L'homme qui les éprouve a l'impression qu'il est dominé par des forces qu'il ne reconnaît pas comme siennes, qui le mènent, dont il n'est pas le maître, et tout le milieu dans lequel il est plongé lui semble sillonné par des forces du même genre. Il se sent comme transporté dans un monde différent de celui où s'écoule son existence privée. La vie n'y est pas seulement intense ; elle est qualitativement différente. Entraîné par la collectivité, l'individu se désintéresse de lui-même, s'oublie, se donne tout entier aux fins communes. Le pôle de sa conduite est déplacé et reporté hors de lui. En même temps, les forces qui sont ainsi soulevées, précisément parce qu'elles sont théoriques, ne se laissent pas facilement canaliser, compasser, ajuster à des fins étroitement déterminées ; elles éprouvent le besoin de se répandre pour se répandre, par jeu, sans but, sous forme, ici, de violences stupidement destructrices, là, de folies héroïques. C'est une activité de luxe, en un sens, parce que c'est une activité très riche. Pour toutes ces raisons, elle s'oppose à la vie que nous traînons quotidiennement, comme le supérieur s'oppose à l'inférieur, l'idéal à la réalité,

C'est, en effet, dans les moments d'effervescence de ce genre que se sont, de tout temps, constitués les grands idéaux sur lesquels reposent les civilisations. Les périodes créatrices ou novatrices sont précisément celles où, sous l'influence de circonstances diverses, les hommes sont amenés à se rapprocher plus intimement, où les réunions, les assemblées sont plus fréquentes, les relations plus suivies, les échanges d'idées plus actifs : c'est la grande crise chrétienne, c'est le mouvement d'enthousiasme collectif qui, aux XIIe et XIIIe siècles, entraîne vers Paris la population studieuse de l'Europe et donne naissance à la scolastique, c'est la Réforme et la Renaissance, c'est l'époque révolutionnaire, ce sont les grandes agitations socialistes du XIXe siècle. A ces moments, il est vrai, cette vie plus haute est vécue avec une telle intensité et d'une manière tellement exclusive qu'elle tient presque toute la place dans les consciences, qu'elle en chasse plus ou moins complètement les préoccupations égoïstes et vulgaires. L'idéal tend alors à ne faire qu'un avec le réel ; c'est pourquoi les hommes ont l'impression que les temps sont tout proches où il deviendra la réalité elle-même et où le royaume de Dieu se réalisera sur cette terre. Mais l'illusion n'est jamais durable parce que cette exaltation elle-même ne peut pas durer : elle est trop épuisante. Une fois le moment critique passé, la trame sociale se relâche, le commerce intellectuel et sentimental se ralentit, les individus retombent à leur niveau ordinaire. Alors, tout ce qui a été dit, fait, pensé, senti pendant la période de tourmente féconde ne survit plus que sous forme de souvenir, de souvenir prestigieux, sans doute, tout comme la réalité qu'il rappelle, mais avec laquelle il a cessé de se confondre. Ce n'est plus qu'une idée, un ensemble d'idées. Cette fois, l'opposition est tranchée. Il y a, d'un côté, ce qui est donné dans les sensations et les perceptions et, de l'autre, ce qui est pensé sous formes d'idéaux. Certes, ces idéaux s'étioleraient vite, s'ils n'étaient périodiquement revivifiés. C'est à quoi servent les fêtes, les cérémonies publiques, ou religieuses, ou laïques, les prédications de toute sorte, celles de l'Église ou celles de l'école, les représentations dramatiques, les manifestations artistiques, en un mot tout ce qui peut rapprocher les hommes et les faire communier dans une même vie intellectuelle et morale. Ce sont comme des renaissances partielles et affaiblies de l'effervescence des époques créatrices. Mais tous ces moyens n'ont eux-mêmes qu'une action temporaire. Pendant un temps, l'idéal reprend la fraîcheur et la vie de l'actualité, il se rapproche à nouveau du réel, mais il ne tarde pas à s'en différencier de nouveau.

Si donc l'homme conçoit des idéaux, si même il ne peut se passer d'en concevoir et de s'y attacher, c'est qu'il est un être social. C'est la société qui le pousse ou l'oblige à se hausser ainsi au-dessus de lui-même, et c'est elle aussi qui lui en fournit les moyens. Par cela seul qu'elle prend conscience de soi, elle enlève l'individu à lui-même et elle l'entraîne dans un cercle de vie supérieure. Elle ne peut pas se constituer sans créer de l'idéal. Ces idéaux, ce sont tout simplement les idées dans lesquelles vient se peindre et se résumer la vie sociale, telle qu'elle est aux points culminants de son développement. On diminue la société quand on ne voit en elle qu'un corps organisé en vue de certaines fonctions vitales. Dans ce corps vit une âme : c'est l'ensemble des idéaux collectifs. Mais ces idéaux ne sont pas des abstraits, de froides représentations intellectuelles, dénuées de toute efficace. Ils sont essentiellement moteurs ; car derrière eux, il y a des forces réelles et agissantes : ce sont les forces collectives, forces naturelles, par conséquent, quoique toutes morales, et comparables à celles qui jouent dans le reste de l'univers. L'idéal lui-même est une force de ce genre ; la science en peut donc être faite. Voilà comment il se fait que l'idéal peut s'incorporer au réel : c'est qu'il en vient tout en le dépassant. Les éléments dont il est fait sont empruntés à la réalité, mais ils sont combinés d'une manière nouvelle. C'est la nouveauté de la combinaison qui fait la nouveauté du résultat. Abandonné à lui-même, jamais l'individu n'aurait pu tirer de soi les matériaux nécessaires pour une telle construction. Livré à ses seules forces, comment aurait-il pu avoir et l'idée et le pouvoir de se dépasser soi-même ? Son expérience personnelle peut bien lui permettre de distinguer des fins à venir et désirables et d'autres qui sont déjà réalisées. Mais l'idéal, ce n'est pas seulement quelque chose qui manque et qu'on souhaite. Ce n'est pas un simple futur vers lequel on aspire. Il est de sa façon ; il a sa réalité. On le conçoit planant, impersonnel, pardessus les volontés particulières qu'il meut. S'il était le produit de la raison individuelle, d'où lui pourrait venir cette impersonnalité ? Invoquera-t-on l'impersonnalité de la raison humaine ? Mais c'est reculer le problème ; ce n'est pas le résoudre. Car cette impersonnalité n'est elle-même qu'un fait, à peine différent du premier, et dont il faut rendre compte. Si les raisons communient à ce point, n'est-ce pas qu'elles viennent d'une même source, qu'elles participent d'une raison commune ?

Ainsi, pour expliquer les jugements de valeur, il n'est nécessaire ni de les ramener à des jugements de réalité en faisant évanouir la notion de valeur, ni de les rapporter à je ne sais quelle faculté par laquelle l'homme entrerait en relations avec un monde transcendant. La valeur vient bien du rapport des choses avec les différents aspects de l'idéal ; mais l'idéal n'est pas une échappée vers un au-delà mystérieux ; il est dans la nature et de la nature. La pensée distincte a prise sur lui comme sur le reste de l'univers physique ou moral. Non certes qu'elle puisse jamais l'épuiser, pas plus qu'elle n'épuise aucune réalité ; mais elle peut s'y appliquer avec l'espérance de s'en saisir progressivement, sans qu'on puisse assigner par avance aucune limite à ses progrès indéfinis. De ce point de vue, on est mieux en état de comprendre comment la valeur des choses peut être indépendante de leur nature. Les idéaux collectifs ne peuvent se constituer et prendre conscience d'eux-mêmes qu'à condition de se fixer sur des choses qui puissent être vues par tous, comprises de tous, représentées à tous les esprits : dessins figurés, emblèmes de toute sorte, formules écrites ou parlées, êtres animés, ou inanimés.

Et sans doute il arrive que, par certaines de leurs propriétés, ces objets aient une sorte d'affinité pour l'idéal et l'appellent à eux naturellement. C'est alors que les caractères intrinsèques de la chose peuvent paraître — à tort d'ailleurs — la cause génératrice de la valeur. Mais l'idéal peut aussi s'incorporer à une chose quelconque : il se pose où il veut. Toute sorte de circonstances contingentes peuvent déterminer la manière dont il se fixe. Alors cette chose, si vulgaire soit-elle, est mise hors de pair. Voilà comment un chiffon de toile peut s'auréoler de sainteté, comment un mince morceau de papier peut devenir une chose très précieuse. Deux êtres peuvent être très différents et très inégaux sous bien des rapports : s'ils incarnent un même idéal, ils apparaissent comme équivalents, c'est que l'idéal qu'ils symbolisent apparaît alors comme ce qu'il y a de plus essentiel en eux et rejette au second plan tous les aspects d'eux-mêmes par où ils divergent l'un de l'autre. C'est ainsi que la pensée collective métamorphose tout ce qu'elle touche. Elle mêle les règnes, elle confond les contraires, elle renverse ce qu'on pourrait regarder comme la hiérarchie naturelle des êtres, elle nivelle les différences, elle différencie les semblables, en un mot elle substitue au monde que nous révèlent les sens un monde tout différent qui n'est autre chose que l'ombre projetée par les idéaux qu'elle construit.

IV

Comment faut-il donc concevoir le rapport des jugements de valeur aux jugements de réalité ?

De ce qui précède il résulte qu'il n'existe pas entre eux de différences de nature. Un jugement de valeur exprime la relation d'une chose avec un idéal. Or l'idéal est donné comme la chose, quoique d'une autre manière ; il est, lui aussi, une réalité à sa façon. La relation exprimée unit donc deux termes donnés, tout comme dans un jugement d'existence. Dira-t-on que les jugements de valeur mettent en jeux les idéaux ? Mais il n'en est pas autrement des jugements de réalité. Car les concepts sont également des constructions de l'esprit, partant, des idéaux ; et il ne serait pas difficile de montrer que ce sont même des idéaux collectifs, puisqu'ils ne peuvent se constituer que dans et par le langage, qui est, au plus haut point, une chose collective. Les éléments du jugement sont donc les mêmes de part et d'autre. Ce n'est pas à dire toutefois que le premier de ces jugements se ramène au second ou réciproquement. S'ils se ressemblent, c'est qu'ils sont l'œuvre d'une seule et même faculté. Il n'y a pas une manière de penser et de juger pour poser des existences et une autre pour estimer des valeurs. Tout jugement a nécessairement une base dans le donné : même ceux qui se rapportent à l'avenir empruntent leurs matériaux soit au présent soit au passé. D'autre part, tout jugement met en œuvre des idéaux. Il y a donc et il doit n'y avoir qu'une seule faculté de juger.

Cependant, la différence que nous avons signalée chemin faisant ne laisse pas de subsister. Si tout jugement met en œuvre des idéaux, ceux-ci sont d'espèces différentes. Il en est dont le rôle est uniquement d'exprimer les réalités auxquelles ils s'appliquent, de les exprimer telles qu'elles sont. Ce sont les concepts proprement dits. Il en est d'autres, au contraire, dont la fonction est de transfigurer les réalités auxquelles ils sont rapportés. Ce sont les idéaux de valeur. Dans les premiers cas, c'est l'idéal qui sert de symbole à la chose de manière à la rendre assimilable à la pensée. Dans le second, c'est la chose qui sert de symbole à l'idéal et qui le rend représentable aux différents esprits. Naturellement, les jugements diffèrent selon les idéaux qu'ils emploient. Les premiers se bornent à analyser la réalité et à la traduire aussi fidèlement que possible. Les seconds, au contraire, disent l'aspect nouveau dont elle s'enrichit sous l'action de l'idéal. Et sans doute, cet aspect est réel, lui aussi, mais à un autre titre et d'une autre manière que les propriétés inhérentes à l'objet. La preuve en est qu'une même chose peut ou perdre la valeur qu'elle a, ou en acquérir une différente sans changer de nature : il suffit que l'idéal change. Le jugement de valeur ajoute donc au donné, en un sens, quoique ce qu'il ajoute soit emprunté à un donné d'une autre sorte. Et ainsi la faculté de juger fonctionne différemment selon les circonstances, mais sans que ces différences altèrent l'unité fondamentale de la fonction.

On a parfois reproché à la sociologie positive une sorte de fétichisme empiriste pour le fait et une indifférence systématique pour l'idéal. On voit combien le reproche est injustifié. Les principaux phénomènes sociaux, religion, morale, droit, économie, esthétique, ne sont autre chose que des systèmes de valeurs, partant, des idéaux. La sociologie se place donc d'emblée dans l'idéal ; elle n'y parvient pas lentement, au terme de ses recherches ; elle en part. L'idéal est son domaine propre. Seulement (et c'est par là qu'on pourrait la qualifier de positive si, accolé à un nom de science, cet adjectif ne faisait pléonasme), elle ne traite de l'idéal que pour en faire la science. Non pas qu'elle entreprenne de le construire ; tout au contraire, elle le prend comme une donnée, comme un objet d'étude, et elle essaie de l'analyser et de l'expliquer. Dans la faculté d'idéal, elle voit une faculté naturelle dont elle cherche les causes et les conditions, en vue, si c'est possible, d'aider les hommes à en régler le fonctionnement. En définitive, la tâche du sociologue doit être de faire rentrer l'idéal, sous toutes ses formes, dans la nature, mais en lui laissant tous ses attributs distinctifs. Et si l'entreprise ne lui paraît pas impossible, c'est que la société remplit toutes les conditions nécessaires pour rendre compte de ces caractères opposés. Elle aussi vient de la nature, tout en la dominant. C'est que, non seulement toutes les forces de l'univers viennent aboutir en elle, mais de plus, elles y sont synthétisées de manière à donner naissance à un produit qui dépasse en richesse, en complexité et en puissance d'action tout ce qui a servi à le former. En un mot, elle est la nature, mais parvenue au plus haut point de son développement et concentrant toutes ses énergies pour se dépasser en quelque sorte elle-même.

TABLE DES MATIÈRES

COLLECTION « QUADRIGE »

Aftalion L'économie de la révolution française
Alain Propos sur l'éducation *suivis de* Pédagogie enfantine
Alain Propos sur les beaux-arts
Alain Stendhal *et autres textes*
Alquié Le Désir d'éternité
Althusser Montesquieu, la politique et l'histoire
Althusser et **Balibar** Lire *Le Capital*
Ambrière Balzac et *La Recherche de l'Absolu*
Andreas-Salomé Ma vie
Aron La Sociologie allemande contemporaine
Assoun Introduction à la métapsychologie freudienne
Assoun Freud, la philosophie et les philosophes
Assoun Freud et Nietzsche
Assoun Freud et Wittgenstein
Assoun Le Freudisme
Assoun Marx et la répétition historique
Attali Analyse économique de la vie politique
Attali et **Guillaume** L'Anti-économique
Aubenque Le Problème de l'être chez Aristote
Aubenque La Prudence chez Aristote
Audi Supériorité de l'éthique. De Schopenhauer à Wittgenstein
Aymard et **Auboyer** L'Orient et la Grèce antique
Aymard et **Auboyer** Rome et son Empire
Bachelard La Philosophie du non
Bachelard La Poétique de l'espace
Bachelard La Poétique de la rêverie
Bachelard Le Nouvel Esprit scientifique
Bachelard La Flamme d'une chandelle
Bachelard Le Rationalisme appliqué
Bachelard La Dialectique de la durée
Bachelard Le Matérialisme rationnel
Bachelard Le Droit de rêver
Balandier Sens et puissance
Balandier Sociologie actuelle de l'Afrique noire
Balandier Anthropologie politique
Balibar Droit de cité
Baron Histoire d'Israël, vol. 1
Baron Histoire d'Israël, vol. 2
Barret-Kriegel Les Droits de l'homme et le droit naturel
Bastide Les Problèmes de la vie mystique
Bastide Sociologie et psychanalyse
Beaufret Parménide. Le *Poème*
Bellemin-Noël Vers l'inconscient du texte
Bencheikh et **Didier** Dictionnaire de littérature de langue arabe
Benoist Marx est mort
Benoist Tyrannie du logos
Benoist L'Histoire de la peinture
Bensussan-Labica Dictionnaire critique du marxisme
Bergson Essai sur les données immédiates de la conscience
Bergson L'Énergie spirituelle
Bergson L'Évolution créatrice
Bergson Le Rire
Bergson Les Deux Sources de la morale et de la religion
Bergson Matière et mémoire
Bergson La Pensée et le mouvant
Bergson Durée et simultanéité
Bernard Principes de médecine expérimentale
Bernstein Des idées capitales
Berthelot La sociologie française contemporaine
Billig L'Hitlérisme et le système concentrationnaire
Blanché L'Axiomatique
Bloch Destin du siècle
Blondel L'Action (1893)
Boileau-Narcejac Le Roman policier
Bonte et **Izard** Dictionnaire de l'ethnologie et de l'anthropologie
Borne Le Problème du mal
Boudon Effets pervers et ordre social
Boudon La Place du désordre
Boudon Études sur les sociologues classiques I
Boudon Études sur les sociologues classiques II
Boudon Le Sens des valeurs
Boudon et **Bourricaud** Dictionnaire critique de la sociologie
Boudot Nietzsche en miettes
Bouglé Essais sur le régime des castes
Bouhdiba La Sexualité en Islam
Boutang Ontologie du secret
Bouvier, George, Le Lionnais Dictionnaire des mathématiques
Braudel et **Labrousse** Histoire économique et sociale de la France
T. I : 1450-1660
T. II : 1660-1789
T. III : 1789-années 1880
T. IV : Années 1880-1950
T. V : Années 1950-1980

Bréhier Histoire de la philosophie, vol. 1
Bréhier Histoire de la philosophie, vol. 2
Bréhier Histoire de la philosophie, vol. 3
Buber Moïse
Canguilhem Le Normal et le pathologique
Canto-Sperber Éthiques grecques
Carbonnier Sociologie juridique
Caron Précis de psycholinguistique
Carrilho Rhétoriques de la modernité
Cauquelin L'Invention du paysage
Cauquelin Le site et le paysage
Chailley Histoire musicale du Moyen Âge
Chaîneau Mécanismes et politique monétaires
Charnay La Vie musulmane en Algérie
Châtelet, Duhamel et **Pisier** Dictionnaire des œuvres politiques
Chauvin Les Sociétés animales
Chebel Le Corps en Islam
Chebel L'imaginaire arabo-musulman
Cohen-Tanugi Le Droit sans l'État
Colas Le Léninisme
Conche Essais sur Homère
Conseil national du développement des sciences humaines et sociales Pour une politique des sciences de l'homme et de la société
Cornu Vocabulaire juridique
Cortot La Musique française de piano
Corvisier Histoire militaire de la France
T. I : Des origines à 1715
T. II : De 1715 à 1871
T. III : De 1871 à 1940
T. IV : De 1940 à nos jours
Cotteret Gouverner c'est paraître
Crouzet L'Époque contemporaine
Crozet L'Art roman
Dandrey Poétique de La Fontaine, I : La Fabrique des fables
Daumas Histoire générale des techniques
T. 1 : Des origines au XVIe siècle
T. 2 : Les Premières Étapes du machinisme
T. 3 : L'Expansion du machinisme
T. 4 : Énergie et matériaux
T. 5 : Transformation - Communication - Facteur humain
Davis et Wallbridge Winicott. Introduction à son œuvre
De Lamarck Système analytique des connaissances positives de l'homme
Deleuze La Philosophie critique de Kant
Deleuze Proust et les signes
Deleuze Nietzsche et la philosophie
Deleuze Le Bergsonisme
Denis Histoire de la pensée économique
Denis et **Scheffer** Devenir psychanalyste ?
De Romilly Dictionnaire de littérature grecque ancienne et moderne
Derrida La Voix et le phénomène
Descartes Méditations métaphysiques
Deutsch La Psychologie des femmes, T. I
Deutsch La Psychologie des femmes, T. II
Dockès Ordre et désordres dans l'économie-monde
Douin Dictionnaire de la censure au cinéma
Droz Histoire générale du socialisme
T. 1 : Des origines à 1875
T. 2 : De 1875 à 1918
T. 3 : De 1918 à 1945
T. 4 : De 1945 à nos jours
Duhamel La Gauche et la Ve République
Dumézil Du mythe au roman
Dupâquier Histoire de la population française
T. 1 : Des origines à la Renaissance
T. 2 : De la Renaissance à 1789
T. 3 : De 1789 à 1914
T. 4 : De 1914 à nos jours
Durand L'Imagination symbolique
Durkheim Les Règles de la méthode sociologique
Durkheim Le Suicide
Durkheim Les Formes élémentaires de la vie religieuse
Durkheim Éducation et sociologie
Durkheim De la division du travail social
Durkheim L'Évolution pédagogique en France
Durkheim Leçons de sociologie
Durkheim Le Socialisme
Durkheim L'Éducation morale
Durkheim Sociologie et philosophie
Duvignaud Sociologie du théâtre
Eco Sémiotique et philosophie du langage
Einaudi Un rêve algérien
Ellul Histoire des institutions L'Antiquité
Ellul Histoire des institutions Le Moyen Âge
Ellul Histoire des institutions, XVIe-XVIIIe siècle
Ellul Histoire des institutions. Le XIXe siècle
Febvre Martin Luther, un destin
Ferry Philosophie politique
Ferry et **Renaut**
1 : Le Droit
2 : Le Système des philosophies de l'histoire
3 : Des droits de l'homme à l'idée républicaine
Festugière Épicure et ses dieux
Fichte Fondement du droit naturel selon les principes de la doctrine de la science
Filliozat Dictionnaire des littératures de l'Inde
Focillon L'Art des sculpteurs romans
Focillon La Vie des formes
Foucault Maladie mentale et psychologie
Foucault Naissance de la clinique
Foulquié Dictionnaire de la langue pédagogique
Fraisse La Controverse des sexes
Freud L'Homme aux loups

Freud L'Homme aux rats
Freud La Première Théorie des névroses
Freud Le Président Schreber
Freud L'Avenir d'une illusion
Freud Inhibition, symptôme et angoisse
Freud Le Malaise dans la culture
Fumaroli et **Zuber** Dictionnaire de littérature française du XVIIe siècle
Gallien Homo. Histoire plurielle d'un genre très particulier
Gandhi Autobiographie ou mes expériences de la vérité
Ginouvès L'Art grec
Godechot La Contre-Révolution, 1789-1804
Gorceix La Bible des Rose-Croix
Grosskurth Melanie Klein
Grousset Les Croisades
Guitton Justification du temps
Gusdorf La Parole
Halpérin Histoire du droit privé français depuis 1804
Hamon Texte et idéologie
Hamsun La Faim
Harouel Culture et contre-cultures
Hayek La Route de la servitude
Hayek Droit, législation et liberté
1 : Règles et ordre
2 : Le Mirage de la justice sociale
3 : L'Ordre politique d'un peuple libre
Heers Le Clan familial au Moyen Âge
Heidegger Qu'appelle-t-on penser ?
Henry La Barbarie
Hirschman Les Passions et les intérêts
Hyppolite Figures de la pensée philosophique, vol I et II
Jaccard La Tentation nihiliste
Jankélévitch Philosophie première
Jankélévitch Henri Bergson
Johnston L'Esprit viennois
Julien La valeur allusive
Juranville Lacan et la philosophie
Kant Critique de la raison pratique
Kant Critique de la raison pure
Kant Qu'est-ce qu'un livre ?
Klein Développements de la psychanalyse
Klein La psychanalyse des enfants
Kriegel L'Histoire à l'âge classique
T. I : Jean Mabillon
T. II : La Défaite de l'érudition
T. III : Les Académies de l'histoire
T. IV : La République incertaine
Lacoste Géographie du sous-développement
Lafon Vocabulaire de psychopédagogie et de psychiatrie de l'enfant
Lagache La Jalousie amoureuse
Lagache L'Unité de la psychologie
Lalande Vocabulaire technique et critique de la philosophie, vol. 1 et 2
Laplanche Hölderlin et la question du père
Laplanche Nouveaux fondements pour la psychanalyse
Laplanche Problématiques
I : L'Angoisse
II : Castration Symbolisations
III : La Sublimation
IV : L'Inconscient et le Ça
V : Le Baquet Transcendance du transfert
Laplanche et **Pontalis** Vocabulaire de la psychanalyse
Laplanche Entre séduction et inspiration : l'homme
Lauré, Babeau et **Louit** Les impôts gaspilleurs
Larthomas Le langage dramatique
Le Bon Psychologie des foules
Le Breton Anthropologie du corps et modernité
Le Breton Conduites à risque
Le Rider Modernité viennoise et crises de l'identité
Lebovici, Diatkine et **Soulé** Nouveau Traité de psychiatrie de l'enfant et de l'adolescent, T. 1
Lebovici, Diatkine et **Soulé** Nouveau Traité de psychiatrie de l'enfant et de l'adolescent, T. 2
Lebovici, Diatkine et **Soulé** Nouveau Traité de psychiatrie de l'enfant et de l'adolescent, T. 3
Lebovici, Diatkine et **Soulé** Nouveau Traité de psychiatrie de l'enfant et de l'adolescent, T. 4
Lecourt Lyssenko Histoire réelle d'une « science prolétarienne »
Lecourt L'Amérique entre la Bible et Darwin
Lecourt Contre la peur
Lefebvre Le Matérialisme dialectique
Léonard Histoire générale du protestantisme
T. I : La Réformation
T. II : L'Établissement
T. III : Déclin et renouveau
Leroi-Gourhan Les religions de la préhistoire
Leroi-Gourhan Dictionnaire de la préhistoire
Levinas Le Temps et l'autre
Lévi-Strauss L'Identité
Lévy-Bruhl L'Âme primitive
Lévy-Bruhl Carnets de note
Lévy et Didier Dictionnaire de littérature chinoise
Liébert Nietzsche et la musique
Locke Lettre sur la tolérance
Lovy Luther
Maïmonide Le Livre de la connaissance
Maistre Écrits sur la Révolution
Mâle Psychothérapie de l'adolescent
Marçais L'Art musulman
Marion Dieu sans l'être

Marion Sur la théologie blanche de Descartes
Marx Le Capital, livre I
Mattéi Philosopher en français
Mauss Sociologie et anthropologie
Meillassoux L'Anthropologie de l'esclavage
Mélèze-Modrzejewski Les Juifs d'Égypte de Ramsès II à Hadrien
Merleau-Ponty La Structure du comportement
Meyer Langage et littérature
Meyer Le Questionnement
Meyer Science et métaphysique chez Kant
Meyer Pour une histoire de l'ontologie
Michalet Le Capitalisme mondial
Michaud Hume et la fin de la philosophie
Michaud Locke
Mill L'Utilitarisme. Essai sur Bentham
Minkowski Le Temps vécu
Montaigne Les Essais, livre I
Montaigne Les Essais, livre II
Montaigne Les Essais, livre III
Moreno Psychothérapie de groupe et psychodrame
Moscovici Psychologie des minorités actives
Mounin Dictionnaire de la linguistique
Mounin Histoire de la linguistique, des origines au XXe siècle
Mousnier Les XVIe et XVIIe siècles
Mousnier et **Labrousse** Le XVIIIe siècle. L'époque des « Lumières » (1715-1815)
Néraudau Dictionnaire de l'histoire de l'art
Nietzsche, Rée, Salomé Correspondance
Nisbet La Tradition sociologique
Niveau et **Crozet** Histoire des faits économiques contemporains
Origas et **Didier** Dictionnaire de littérature japonaise
Pariset L'Art classique
Paugam La Disqualification sociale
Perrin Les Praticiens du rêve
Perroy Le Moyen Âge
Piaget Sagesse et illusions de la philosophie
Piéron Vocabulaire de la psychologie
Pirenne Mahomet et Charlemagne
Poulantzas L'État, le pouvoir, le socialisme
Prigent Le Héros et l'État dans la tragédie de Pierre Corneille
Quinodoz La Solitude apprivoisée
Ravaisson De l'habitude
Rawls Libéralisme politique
Raynaud Max Weber et les dilemmes de la raison moderne
Rials Villey et les idoles
Riegel, Pellat, Rioul Grammaire méthodique du français
Robin Platon
Rodis-Lewis La Morale de Descartes
Romilly La Tragédie grecque
Rosset Schopenhauer, philosophe de l'absurde
Rosset L'Esthétique de Schopenhauer
Rosset L'Anti-Nature
Rosset La Philosophie tragique
Rosset Logique du pire
Roussillon Paradoxes et situations limites de la psychanalyse
Salais, Baverez et **Reynaud** L'Invention du chômage
Sala-Molins Le Code Noir ou le calvaire de Canaan
Sansot Les gens de peu
Sartre L'Imagination
Sauvy L'Opinion publique
Schnerb Le XIXe siècle
Schopenhauer Aphorismes sur la sagesse dans la vie
Schopenhauer De la volonté dans la nature
Seignobos Histoire sincère de la nation française
Sen Éthique et économie
Senghor Anthologie de la nouvelle poésie nègre et malgache
Sfez La Politique symbolique
Sieyès Qu'est-ce que le Tiers État ?
Simmel Les Pauvres
Simmel Philosophie de l'argent
Sirinelli Génération intellectuelle, khâgneux et normaliens dans l'entre-deux-guerres
Soboul La Révolution française
Souriau Vocabulaire d'esthétique
Stern L'Art byzantin
Strauss Histoire de la philosophie politique
Supiot Critique du droit du travail
Suzuki, Fromm et **de Martino** Bouddhisme zen et psychanalyse
Tadié Le Roman d'aventures
Taton La Science antique et médiévale, T. I
Taton La Science moderne, histoire générale des sciences, T. II
Taton La Science contemporaine. Le XIXe siècle, T. 1
Taton La Science contemporaine. Le XXe siècle, années 1900-1960, T. II
Tazieff Les Volcans et la dérive des continents
Teyssier et Didier Dictionnaire de littérature brésilienne
Tort Darwin et le darwinisme
Touchard Histoire des idées politiques, T. I
Touchard Histoire des idées politiques, T. II
Van Tieghem Dictionnaire des littératures
Vol. 1 : A-C
Vol. 2 : D-J
Vol. 3 : K-Q
Vol. 4 : R-Z
Van Tieghem Les Grandes Doctrines littéraires en France
Vax La Séduction de l'étrange
Verger Les Universités au Moyen Age
Vernant Les Origines de la pensée grecque

Vernette et **Moncelon** Dictionnaire des groupes religieux aujourd'hui

Wallon Les Origines du caractère chez l'enfant

Wallon L'Enfant turbulent

Wallon Les Origines de la pensée chez l'enfant

Wolff L'Être, l'homme, le disciple

Zarka Hobbes et la pensée politique moderne

Zarka Comment écrire l'histoire de la philosophie ?

Zazzo Les Jumeaux, le couple et la personne

Zorgbibe La Méditerranée sans les Grands

Zweig Montaigne

Imprimé en France
Imprimerie des Presses Universitaires de France
73, avenue Ronsard, 41100 Vendôme
Juillet 2002 — N° 49 495